山川清弘

ホテル御三家

帝国ホテル、オークラ、ニューオータニ

GS
幻冬舎新書
592

はじめに

帝国ホテル、ホテルオークラ、ホテルニューオータニ。

この三者は「ホテル御三家」と並び称される。それぞれの運営会社は本館のある東京だけでなく、国内他都市や海外にもホテルを展開している。が、「御三家」という場合は、日比谷の帝国ホテル東京、虎ノ門のホテルオークラ東京（現在はリニューアルして The Okura Tokyo）、紀尾井町のホテルニューオータニ（東京）を指すことが多い。本書でも原則として、３ホテルの本館のある「～東京」を帝国ホテル、オークラ、ニューオータニと呼ぶことにする。

御三家とは江戸時代、徳川家康の直系一門のうち尾張徳川家・紀州徳川家・水戸徳川家を指し別格扱いしたことに端を発する、ある業界や分野でのトップ３に対する称号である。帝国ホテルは創業１３０年、オークラとニューオータニは創業60年足らずで開きがあるが、いずれも客室数や宴会場の規模、フランス料理をはじめとするレストランの充実度で群を抜いた存在であることに変わりはない。

前回の東京五輪（１９６４年）や大阪万博（１９７０年）に向けてオークラやニューオータニが開業した時期は「第一次ホテルブーム」といわれ、パレスホテルや東京ヒルトンホテル（現・ザ・キャピトルホテル東急）、東京プリンスホテルなどもオープンしているが、客室数はいずれも５００未満で御三家には及ばない。

御三家が御三家たるゆえんは、もちろん規模だけではない。歴史の必然と数奇な偶然が絡まりあっている。本書は、３ホテルを並列的にとりあげることで、その実相に迫りたい。

まず第1章では、３ホテルがなぜ御三家と呼ばれるようになったのか、外資系ラグジュアリーホテルが日本で次々に開業するなかでも最高位の評価を受け続ける理由は何なのか、その秘密に迫る。

そして第2章からは、創業前後からの歴史をひもときながら、各社が試行錯誤しつつそれぞれのブランドを世界にアピールできるまでに確立していく足跡をたどりたい。御三家のなかでも創業１３０年と、ダントツに歴史の長い帝国ホテルは第2章と第5章に分けて記述している。

各社のトップをはじめとした主要人物の足跡をたどる形にしているが、現在まで受け継がれるサービスやメニュー、意外なトリビアも随所にちりばめてある。

グローバルな外資系ラグジュアリーブランドが次々に上陸している。ビジネスホテルなど廉価のホテルチェーンを除けば、国内資本のホテルは外資に押され気味のようにも見える。

ところが、意外に響くかもしれないが、日本のホテルの評価は高い。日本人が得意とする接客術、「おもてなし」が好まれている側面もあるが、それだけではない。

ホテル業界は今、新型コロナウイルスの感染拡大で厳しい局面に立たされている。だが振り返れば、二度の世界大戦、バブル崩壊やリーマンショックといった経済危機、さらには関東大震災や東日本大震災といった自然災害のたびに危機にさらされ、それらを乗り越えて成長を続けてきたのだ。

ホテル御三家が国内外の旅行者から愛される理由は何なのか。このタイミングだからこそ、その謎に迫ることに意義がある。さあ、秘密の扉を開けてみよう。

ホテル御三家／目次

第4章　ホテルニューオータニ　175
――ホテル大衆化のフロントランナー

写真提供　帝国ホテル（P17、第2章、第5章）
ホテルオークラ東京（P20、第3章）
ホテルニューオータニ（P22、第4章）

図版・DTP　美創

第1章　逆襲の御三家

——なぜ外資系ホテルより評価が高いのか

長男・帝国ホテル

海外からの賓客を迎える民間の迎賓館として、帝国ホテルは１８９０年に開業した。「日本資本主義の父」といわれ、２０２１年ＮＨＫ大河ドラマの主人公にもなる渋沢栄一が発起人に名を連ねている。日本の近代ホテルの先駆け、かつ代表格として圧倒的な信頼感を誇り、その行き届いたサービスには国内外から高い評価があり、ブランド力も抜群だ。日比谷駅、有楽町駅から至近。東京駅も目と鼻の先という好立地もあり、外国人宿泊客に加え、東京観光に訪れる国内観光客やビジネス客にも根強い人気を誇る。老舗の伝統にしがみつくことなく、ホテルウエディング、バイキングレストラン（ブフェ）など、帝国が発祥のサービスや商品も多く、進取の気性も併せ持つ。

後進のホテルたちはみな「帝国ホテルのようなおもてなしを」と、そのサービス水準を追いかけた。接客係から配車係、靴磨きに至るまで、歴代の名物従業員も枚挙にいとまがないほど。そうした特定の従業員に会うことが目当てで帝国に泊まる客も数え切れない。常連客は親から子へ、子から孫へと代を重ね、より厳しい目線を注ぐが、その要求水準に応え続けている。

料理一つとってもそうだ。定保《さだやす》英弥・帝国ホテル社長に聞くと、「ホテルの自慢の料理は、非常にシンプルだが卵料理のオムレツとか、パンケーキとか、カレーライス。そういう長年ご愛顧いただいているメニューを本当にゆっくり、時間をかけて召し上がっていただける。ちょっと非日常的な感覚でゆっくり召し上がっていただくことが、一つのおすすめ」と言う。

現在の本館

「卵料理ではオムレツが、とても美しいのが自慢」と定保は言う。「外国人と一緒に食べると本当にびっくりされる。ボリュームは欧米人にはちょっと寂しいかもしれないが、きれいにやわらかくほどよく、真ん中を切るとトローッと落ちてくるようなできあがり」(定保)

定保は昔から客に、「セカンドホームに帰ってきたようだ」と言われるという。会員組織「インペリアルクラブ」の会員ならば、いつ来ても客室内が好みに合わせられている。たとえばベッドには枕は通常4つ置いてあるが、いつも2つを使って寝ている客に対しては、はじめから２つにしておく。腰に問題を抱えている客には、必ずベッドマットの下に堅い板を入れておく。「９００室のホテルでスモールラグジュアリーホテルのサービスを」――帝国ホテルが求め続ける、究極のラグジュアリーホテルのおもてなしである。

老舗ホテルゆえ、リピート客の信頼は厚い。その期待を上回るサービスを提供し、客から「さすが帝国ホテル」と評価されるための努力を社内でシステム化している。20年以上続けている啓蒙活動「さすが帝国ホテル推進活動」である。

「帝国ホテル行動基準」と９つの実行テーマ（挨拶、清潔、身だしなみ、感謝、気配り、謙虚、知識、創意、挑戦）を決め、実践している。とくに優秀な従業員は個人表彰して、モチベーション向上に役立てている。毎月４～５人をあらゆる部署から幹部が選定するが、顧客からの名指しで推薦レターが来るケースがほとんどだという。年度ごとに「東京総支配人賞」「大阪総支配人賞」「年間大賞」を投票で決め、表彰している。個人だけでなく団体表彰もある。よいコメントに限らず、悪いコメントにも必ず目を通し、全員で解決策を考えているという。

二男・ホテルオークラ

ホテルオークラは１９６２年5月に開業した。帝国ホテルの発起人の一人でもあり、会長も務めた大倉喜八郎の嫡子、大倉喜七郎が初代会長に就任した。自身も帝国ホテルの会長・社長を務めた帝国ホテルの大株主だったが、戦後の財閥解体で持ち株をすべて失った。

帝国ホテルがＧＨＱ接収を解除された後、役員に戻れるかと思い一歩足を踏み入れたら、当時の経営者から「ここはあなたが来る場所ではありません」と言われたという逸話は、オークラ社内ならば誰もが知っているエピソードだ。帝国ホテルを育て上げた喜七郎は、世界に通用する本物の、しかも欧米の摸倣ではなく、日本の特色を出したホテル造りを企図した。

効率性重視のホテルならば、1階玄関からすぐにフロントがあり、余剰スペースはレストランや宴会場など収益を生む設備に確保してしまうもの。だが、オークラの場合、「ロビーは静かにくつろげる場所」であることを最重要視し、広大な空間を無料のラウンジとして開放している。梅の花に見立てた5脚の椅子と漆の丸テーブル、天井から下がるランターンなど、日本の風土や伝統、文化を醸すように配置されている。

「和の粋を集めた〝美術館ホテル〟」ともいえるその意匠は、２０１９年に再オープンしThe Okura Tokyoとなった際にも忠実に再現されている。それもそのはず、The Okura

The Okura Tokyo

Tokyo のロビーを設計したのは、62年開業の本館の設計委員会の委員長だった谷口吉郎の長男、谷口吉生である。本館の取り壊し前に3Dレーザースキャナーで計測するなど1カ月の調査を行ってデータを図面化し、新館に生かしているのである。

本館は当時の建築物の高さ規制のなかで500室を確保するために、坂の多い地形を利用してロビー階を5階、1〜4階は地階扱いにしていた。ロビーの下に客室や宴会場があるという不思議な造りがオークラの魅力の一つでもあったが、The Okura Tokyo でもそのコンセプトは踏襲されている。

建て替えの検討段階では、①本館を改修する、②本館を残して後方にタワーを増築する、③全面建て替え、の3案が吟味された。①②案では建築構造上の制約があり、機能を改善することが難しいうえ、大規模な災害に対する利用客の安心・安全の確保という観点から、③の全面建て替えに落ち着いた。

The Okura Tokyo の梅原真次・総支配人は「価値を高めながらロビーを守ることが重要課題だった」と打ち明ける。本館の取り壊しに際しては、ロビーを惜しむファンから国際的な保護活動まで引き起こしたが、オークラもロビー保全を最優先に考えていたのである。

「The Okura Tokyo は、中間階にオフィスのある41階の高層棟「オークラ プレステージタワー」とホテル施設のみで構成されている17階の中層棟「オークラ ヘリテージウイング」の2棟建て。「ヘリテージの6～9階の客室にはバルコニーがあり、庭園をながめることができる。庭園には鳥も飛んでくるので、大都会の中の静かな客室でくつろいでほしい」（梅原）

三男・ホテルニューオータニ

オークラ開業から2年後、1964年にホテルニューオータニはオープンした。64年10月の東京オリンピックに向けて増加する外国人観光客を見越して建設され、五輪直前の64年9月、通常の半分の工期（17カ月）で完成した。〝御三家の三男坊〟を自任するが、「日本初の超高層建築」「東洋一の回転展望レストラン」など、先行2ホテルを超える「日本

日本庭園から見たザ・メイン

一」「最大」にこだわり、開業当初からトップレベルの設備とサービスを追求してきた。

部屋数は一時2000室を超え（現在は1479室）、ザ・メイン（本館）、ガーデンタワーに加えて、本館のホテル・イン・ホテルとして「エグゼクティブハウス禅」の3ホテルを一体運営している。レストラン・バーは37カ所（直営18、テナント19）あり、最高級フレンチから焼鳥屋、とんかつ屋までバリエーションも群を抜く。

毎日のように新企画をリリースするのもニューオータニの特徴で、常に真新しさを貪欲に追求している。近年は屋外プール「ガーデンプール」をゴールデンウィークと夏場に昼夜開放し、インスタ映えを狙うSNS女子の人気を集めている。

外国人客の利用も多いのだが、国内客に目を向けたのもニューオータニが先駆けである。源流をたどれば、五輪直後のインバウンド減少で客室に閑古鳥が鳴いたことを奇貨として、「お正月プラン」「受験生プラン」など閑散期にも客を呼び込める企画を矢継ぎ早に打ち出した伝統が、ＤＮＡとして染みついているのだろう。ホテルというより、「ニューオータニという新しい業態を生み出した」（佐々木成人・元取締役）と社内で自任するほどである。

筆者は数年前、清水肇・代表取締役総支配人に、このテーマパークのようなホテルの楽しみ方を聞いたことがある。

「たとえば（敷地内にある）清水谷公園の前に約２５００㎡のバラ園（ザ・メイン３階）がある。赤いバラだけの庭園で、日本庭園とヨーロッパスタイルの庭園の両方が楽しめる。日本庭園には滝があるが、東京で５大パワースポットといわれているところ。ボーッと座ってくつろいでいる方も多いが、本当にすごく癒やされる」と語ってくれた。

日本庭園内にはホタルも生息していて、「６月、７月はゲンジボタルやヘイケボタルと巡り合えるかもしれない。これは完全に陰陽師の世界（笑）」。４００年の歴史を持つ庭園には、「木が枯れて化石になった木石《ぼくせき》も残っている。そういうものを発見する喜びがある」。

トリップアドバイザーでの評価は外資系を上回る

老舗ホテルは日本人の年配世代だけに愛好者が多い、と思いがちだが、御三家の場合は世代を超えて、また国内外を問わず評価が高い。世界最大の旅行プラットフォームであるトリップアドバイザーで調べてみればよくわかる。旅行者の口コミが大量に掲載されており、高級ホテルに関しても、スマートフォンやパソコン経由で世界中の老若男女の書き込みが集まってくるのだ。

トリップアドバイザーのホテル担当者は、「ほとんどが（5点満点で）4点か5点で、どの施設・ホテルも評価が上がり続けている」と語る。同社の協力で、「２０１０〜12年の3年間」とその5年後の「２０１７年（単年）」という2期間で、口コミをテキストマイニング（文字列のデータ解析）してもらった。

5段階評価のうち、評価の高い「5点」と、高くない「1〜3点」に口コミをグループ分けして、それぞれの口コミを相互比較した。比較のポイントは3つ。①部屋・設備、②スタッフやサービスなどホテルの対応、③レストランなど食事関係、である。

その結果、２０１０〜12年でも２０１７年でも、①に関する口コミが多かった。また、②の評価は大きくは変わっていなかった。③は①②ほどの数はなかったのだが、「おいしい」という形容詞が２０１０〜12年より増えていた。「最近はサイトやアプリで『朝食のおいしいホテルランキング』が人気コンテンツになっており、ホテル選びでは重要な要素

の一つになっている」（同担当者）

ビジネスホテルなどは、部屋の広さやクオリティではなかなか差別化ができないから、朝食がおいしいかどうかが宿泊客の選択基準になっている。御三家などシティホテルならなおさらで、各社とも食事に一段と力を入れている様子がうかがえる。

悪い口コミは、①②③のポイントで２０１０～12年と大きな差がなかったが、形容詞として「古い」や「狭い」が減ってきている。過去10年間で各施設は段階的なリニューアルを進めており、その成果が出たということだろう。

次に、外国人と日本人の傾向の差を見るべく、言語別の分析をしてみる。２０１８年は３ホテル（ニューオータニはザ・メイン）とも、日本語の口コミより外国語の口コミが多く、日本語の口コミ比率は半分以下だった。御三家は国内ホテルのなかでは外国人の宿泊比率が高く、また外国人はより口コミを書き込む傾向があるのも確かだが、それにしても異例の高い評価だという。

日本語の口コミ比率が最も高いのはオークラで、帝国ホテルは半分が英語で日本語は３割程度。ニューオータニはとくに英語が多い。

過去からの推移で見ると、口コミの総数は増加している。日本人の口コミも量は増えて

口コミの言語別による比較

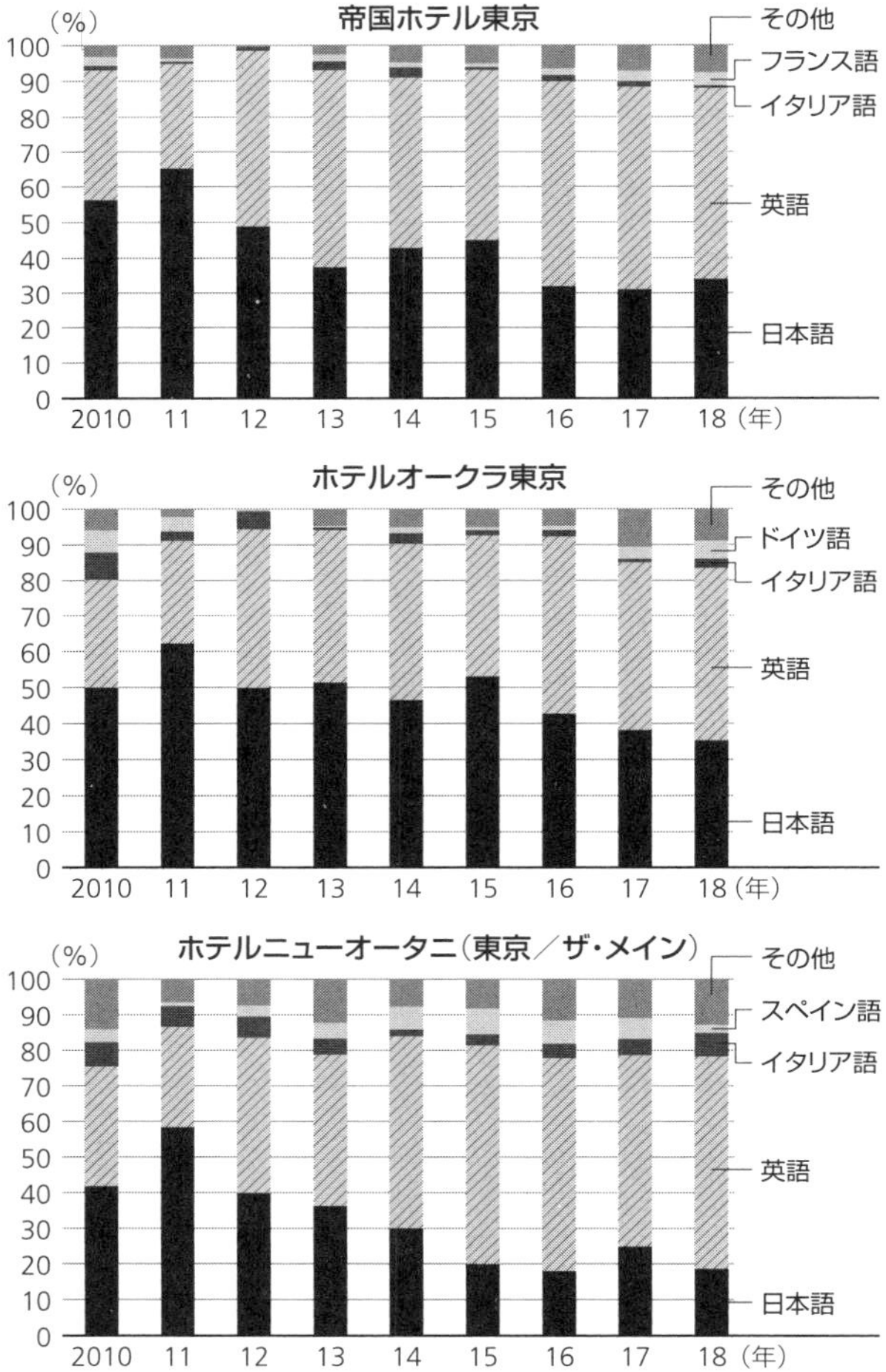

提供：トリップアドバイザー

いるが、日本語の比率は低下傾向にあり、外国語の比率が上がりつつある。帝国ホテルも英語が増え、日本語は減っている。ニューオータニは英語以外の言語も多く、日本語の比率は直近で2割程度だ。

トリップアドバイザーは各ホテルへのコンサルティングやアドバイザリーを行っており、どうすればパフォーマンスが上がるかなどのアドバイスもしている。それにしても、全体的に見て御三家は極めて評価が高いという。

日本人は点数評価で最高の5点や最低の1点をつけることは少ないから、外国人が増えれば平均点が上がるのではないかという推論もできるだろう。だが、日本語とほかの言語を分けて比べても、点数はほぼ変わらないという。わずかに低めな日本人の評価でさえも年々上がっているのだ。しかもオークラは、日本語だけで見た評価のほうが高い（！）。これはトリップアドバイザーの口コミでも極めて珍しいケースだ。

帝国ホテルに至っては、恒常的に6～7割が最高評価の5点なうえに、2017年は実に口コミの8割近くが5点をつけている。テキストマイニングでも「さすが」というコメントが非常に多いという。レビューの中に「さすが帝国ホテル」という一文が必ずといっていいほど登場するのだ。

口コミの評価点による比較

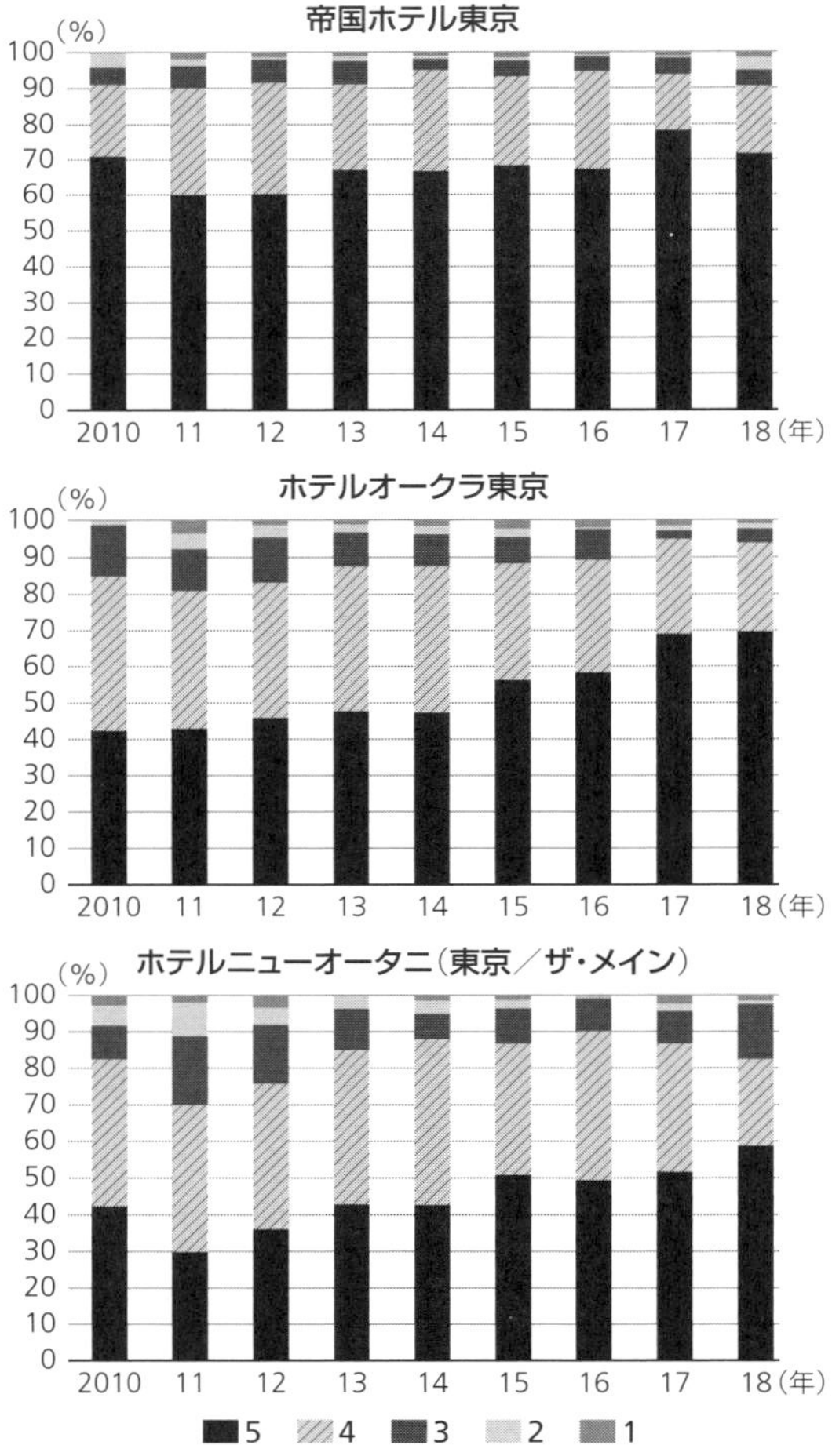

提供:トリップアドバイザー

口コミの評価点は宿泊客の期待値に対する見返りで、実際の体験に左右されるから、期待が大きいほどハードルは上がっていく。帝国ホテルはそのハードルをさらに超えるクオリティのサービスで期待に応えており、オークラ、ニューオータニも基本的には同様だ。ではなぜ、御三家は外資系ラグジュアリーなど他のホテルブランドよりも評価が高いのか。そこには、いくつかのキーワードが浮かび上がってくる。

キーワード１：迎賓館

３ホテルを「御三家」に押し上げたきっかけが、１９７０年代からの迎賓館（東京・赤坂）の運営である。74年4月23日のオープン時にホテルオークラが運営を受託し、翌年から帝国ホテル、ニューオータニの三者持ち回りとなった。海外の賓客をもてなすためにプロトコル（外交儀礼）を守りつつ、最高水準のサービスを提供することで磨かれたノウハウがホテル運営にもフィードバックされている。

また、御三家は３０００人規模の宴会場設備を持ち、サミットや皇室行事の際に各国首脳が利用するホテルの代表格でもある。期間中は貸し切りとなったり一般客の利用が制限されたりするため収益上は実はマイナスなのだが、記者会見などで全世界にホテルが無料

PRされることに加え、海外要人が利用したホテルという実績が３ホテルのイメージ向上にも役立っている。

帝国ホテルの小池幸子《ゆきこ》・宿泊部客室課マネジャーは、「迎賓館の家具の一つ一つが高価なものだから、迎賓館側の神経の使い方が違う。最初にチェックして、使用後は『ここが今回できたキズ』と一部屋一部屋すべてをチェックして台帳に書き留める。だから賓客が出発した後も、２～３日しないと作業が終わらない。そうした経験から、裾が触れてモノを落としたり倒したりしないように、ホテルでもたすきで袖を留めるようになった」と言う。

オークラとニューオータニは、東京都心において広大な敷地を持ち、喧騒を離れ緑に覆われたスペースの中に施設が建っていることも魅力だ。都心では大規模再開発が盛んだが、これだけの敷地で（オフィス棟を除いて）ほぼホテル単独で事業を行うライバルが出現する可能性は低い。帝国ホテルも日比谷公園や皇居に近く、緑の景色が豊富な一方、銀座まで歩いていける利便さも持っている。

１９９０年代に入り、外資系ラグジュアリーホテルの本格進出が始まると、御三家の天下に暗雲が漂う。西新宿のパークハイアット東京、恵比寿（目黒区三田）のウェスティンホテル東京、江戸川橋（文京区関口）のフォーシーズンズホテル椿山荘東京（現・ホテル椿山荘東京）という「新御三家」の登場である。

折悪しく、バブル崩壊で宴会や料飲（レストランやバーなど飲食）部門が大打撃を受け、御三家は赤字決算となる期もあった。新御三家は客室数を５００室以下に抑え、大規模宴会場がない宿泊特化型ホテルの走りであり、現在まで続く外資系ラグジュアリーホテルの流れを形成した。

椿山荘の運営で業務提携していたフォーシーズンズと藤田観光が袂を分かち、新御三家の一角が外資系でなくなったこともあり、本家御三家を凌駕するほどの勢いにはなっていないが、その後も続く外資系ラグジュアリーブランドの相次ぐ進出とビジネスホテルの大量攻勢により、客室数で見た御三家のシェアは相対的に低下している。だが、２０１９年の即位礼正殿の儀や、東京五輪の際のＩＯＣ（国際オリンピック委員会）関係者の宿泊など、大規模イベントでの利用は相変わらず御三家が中心である。

キーワード2：五輪と万博

御三家をつなぐもう一つのキーワードが五輪と万博である。まさに１９６４年の東京五輪に訪れるインバウンド（訪日客）のために造られたニューオータニに加え、オークラも訪日客増加を見越して開業している。

オークラの建築認可では東京都との折衝が難航したのだが、五輪開催に向けた宿泊施設ということで特例的に認められた部分もあった。２０１９年の再オープンにおいても、建て替え自体は五輪開催決定より前からの懸案事項だった。それでも、最終的に都の認可が下りたのは、行政の法案の見直しなど、さまざまな特例を得られたから、という因縁がある。

帝国ホテルの開業は１９６４年の東京五輪よりはるか昔ではあるものの、現本館の先代の本館「ライト館」の建て替えを最初に考えたきっかけは、第二次世界大戦前の１９４０年に計画されていた〝幻の東京五輪〟だった。

日中戦争の長期化によって五輪自体が中止となり、ライト館建て替えも見送られた。が、次の建て替え機運は64年の東京五輪開催の決定である。ここでも建て替えは延期となったが、１９７０年の大阪万博開催が決まると、五輪より期間の長い万博期間中のインバウンド増を取り込むため、現本館の建設に着手したのだ。

国内外の賓客から個人客まで、「おもてなし」で稼ぐホテル業界のトップランナーとしての役割を宿命づけられたのが御三家なのである。

キーワード3：フランス料理

ホテル御三家の主軸をなす料理は、フランス料理である。それは、日本でホテルが黎明期に範とした西欧において、外交儀礼や貴賓接待の正餐がフランス宮廷料理だったからだ。欧州では近代高級ホテルもフランス料理が基本となり、ホテル王セザール・リッツと組み、ロンドンのサヴォイ・ホテルやパリのホテル・リッツで腕を振るったのが、料理書『料理の手引き』(Le Guide Culinaire) の著者で「フランス料理の父」と称される、フランス人シェフのオーギュスト・エスコフィエである。

帝国ホテルの第4代料理長、内海藤太郎はエスコフィエらのフランス料理書をいつも持ち歩き、レストラン・宴会場の料理を正統フランス料理で統一した。第8代料理長の石渡文治郎は、「世界の料理の基礎はやはりフランス料理であり、調理の原則もまたフランス料理のなかに整然と含まれている」と考え、基本を重視しつつも、当時フランスで広まり始めた他国料理を取り込んだヌーベル・キュイジーヌも取り入れた。のちに帝国ホテルの全料理を取り仕切る初の総料理長に就任する第11代料理長・村上信夫も、パリのホテル・

リッツでエスコフィエの直弟子アンリ・ル・ジュール料理長に師事した。

ホテルオークラの専務取締役・総料理長となる小野正吉《まさきち》も、10代で勤めていた東京ニューグランド（横浜のホテルニューグランドの支店レストラン）時代からエスコフィエ料理を意識し始めていた。フランス語を学びながら、エスコフィエの『料理の手引き』の原書を読み漁った。小野と村上はＮＨＫテレビ「きょうの料理」にも交互に出演するなど、双璧のライバル関係だったが、互いの腕は認め合っていた。

また、小野から「今度、エスコフィエの直弟子の会をつくろうと思うので、一緒に協力してやってくれないか」と誘われ、創立メンバーに喜んで加わったシェフの一人が、ニューオータニの専務取締役・2代目総料理長である古谷春雄だ。古谷が川奈ホテルにいた際、オークラの開業時の料理長で小野の上司だった長峯六郎が調理部長で、古谷は長峯から「物を大切にする」という〝料理人の心〟とともにエスコフィエの料理を教わった。

フランス料理に限らない。御三家の歴史は、日本のホテル史の中核である。三者三様ながら、老舗の地位に安住せず、至高のサービスを磨き上げる不断の努力を続けている。その源流は、御三家それぞれの創業期にまでさかのぼる。

第2章　帝国ホテル　前編

――130年の歴史を誇る、日本の近代ホテルの礎

「13階」のないホテル

帝国ホテル本館には13階がない。13の数字を嫌う外国人客への配慮のためだ。では、最上階のフロアナンバーが17階となっているこの本館は、実は16階建てなのだろうか？　答えは「ノー」だ。1階玄関ホールから階段で上っていける中2階が建築設計上の2階となっており、17階はやはり17階分の高さにあるのだ。

ちなみに、本館に隣接するインペリアルタワーには13階がある（！）。これは、タワーがホテルだけでなく店舗、オフィスも入居する複合ビルであり、13階はオフィス部分（5〜18階）に充てられているためだ。13階には帝国ホテルの子会社で、ホテル・レストラン・企業迎賓館・研修施設等の運営受託を行う帝国ホテルエンタープライズなど数社が入居している。エンタープライズ社の前身はかつて、東海道新幹線の食堂車の運営をしていたこともある。

各フロアの客室にも、「〇〇13号室」という数字の並びになる部屋はない。こうした気配りは、欧米人など外国人客が多いためといえばそれまでだが、国内客から見ても、帝国ホテルの最大の魅力は気配りの集大成ともいえる、そのサービス水準にある。例を挙げよう。

ドアマンの1万円

16名体制で早朝から深夜まで、正面玄関で客を送迎するドアマン。タクシー料金を支払う際に客が両替できるよう、５０００円札１枚と１０００円札５枚を常にポケットに入れている。白い手袋は30分に１度取り替えて、客の荷物を汚さないように配慮している。

7つの枕とベッドメイク

客の好みに合わせて７種類の枕を常備。固めが好みなら中身はそばがら、フラットは低いものが好みの客用。羽毛アレルギー用のノン・フェザーなどもあり、予約時のリクエストや前回の宿泊時に合わせている。１ベッドに４つの枕が標準だが、これも前回の宿泊で２つしか使

現在の本館エントランス

本館 デラックス（ツイン）。
デュベの端が少しはみ出している

わなかった客には、最初から2つだけを用意する。

ベッドメイクにもひと工夫している。世界の一流ホテルの常識ではシーツやデュベ（ベッドカバー兼掛け布団）の襟元をピンと伸ばしてマットレスの間に完全に挟み込むのだが、帝国ホテルではあえてデュベの端を少しはみ出させている。

客がスムーズにベッドに入れるようにするためで、細かいところから客目線の取り組みを数多く取り入れ、それを日々進化させているのだ。

浴室清掃の伝統

女子客室係1期生であった竹谷年子は、浴室の清掃が終わった後、まだ水の張っていないバスタブに入って、客の気持ちで周りを見て、汚れが全部落ちているかどうかをチェックしたという。

こうした細やかな眼差しは、現在の客室アテンダント・小池幸子（宿泊部客室課マネジャー）にも脈々と受け継がれている。定保英弥・帝国ホテル社長は「便器の下部にカビが黒く残っていたりしたら、バスタブに入れば目線が違うからわかる。私も入社後の研修でたたき込まれたし、昔からずっと教わってきた」と振り返る。

社長に聞く、おすすめの過ごし方

リニューアルしたThe Okura Tokyo（旧・ホテルオークラ東京）や、日本に続々と進出してきている外資系ラグジュアリーホテルに比べて、帝国ホテルの平均的な客室面積は狭い。現在の本館が１９７０年、インペリアルタワーが83年竣工のため、致し方ないところだが、その分、常に設備改修にはしっかり取り組んでいる。

前総支配人でもある定保に、おすすめの過ごし方を聞いてみた。

「ホテルの中にある、いろいろなサービスをフル活用していただきたいと思います。たとえば海外駐在から日本へ一時帰国して空港から直接来られたのなら、夜はゆっくりルームサービスで食事をとっていただくのもおすすめです。帝国ホテルには洋食・和食・中華が揃っていますし、サンドイッチのような軽食やおいしいうどんも食べられます。部屋で食事した後は、早めにバーで一杯飲んでゆっくり眠り、次の朝はぜひジョギングウェアに着替えて、皇居一周。

一日お休みで外に出たくない気分なら、プールやサウナで汗を流してもらって、できれば時間をかけて朝ごはんをゆっくり食べる贅沢をホテルで楽しんでいただきたい。最高のロケーションだから、ビジネスミーティングの合間に銀座で家族の皆さんにお土産を買って、夜はぜひ『鉄板焼 嘉門』で接待をして再び銀座へ繰り出していただき、帰りは歩いてお戻りいただける」

１３０年前、帝国ホテルが皇居にほど近いこの日比谷の地を選んだからこそ、御三家のなかでも東京駅に近く、駅からの動線も優れているため、集客性の高さを誇っている。その創業から現在までの歴史はしかし、決して順風満帆ではなかった。

渋沢栄一と2人の創業者

帝国ホテル本館の南側、奥の駐車場ビルがある路地の片隅に、３体の胸像が立っている。向かって右から渋沢栄一、大倉喜八郎、犬丸徹三だ。渋沢と、大倉財閥の始祖である喜八郎は、帝国ホテルの創業に大きく関わっている。ときの外務大臣・井上馨が２人に、外国人専門の大規模なホテルの建設について相談したのがすべての始まりだ。

2人のプロフィールを簡単に紹介しよう。2024年から新一万円札の顔になる渋沢栄一は1840（天保11）年に武蔵国、現在の埼玉県深谷市に生まれた。第15代将軍となった徳川慶喜の弟の徳川昭武（民部《みんぶ》公子《こうし》）に従ってパリ万国博覧会を見学、フランスで資本主義を学ぶ。渡仏中に明治維新となり、帰国後は慶喜が謹慎していた静岡で株式会社の元となる合本組織を立ち上げ、のちに大蔵官僚となる。そのときの大蔵大輔《たいふ》（次官職）が井上馨だった。

3体の胸像。右から渋沢栄一、大倉喜八郎、犬丸徹三

短気で癇癪《かんしやく》持ちの井上は「雷オヤジ」の異名で周囲から恐れられていたが、温和な渋沢には雷が落ちなかったため、「避雷針」とのあだ名がついた。渋沢自身が怒られることもあったが、逆ギレせずに最後まで話を聞いて相談する姿勢だったので、周囲が避雷針として重宝していたようだ。

1873年に井上が大蔵省を辞めると、行動をともに

渋沢栄一

大倉喜八郎

した。75年に第一国立銀行（現・みずほ銀行）の頭取となり、日本郵船、東京証券取引所など650を超す企業の設立に関わった「日本資本主義の父」だ。その主要企業の一つが帝国ホテルである。

一方、大倉喜八郎は1837（天保8）年に越後国、現在の新潟県新発田《しばた》市に生まれた。

18歳で江戸に上り、明治維新直前の1867年に神田で大倉鉄砲店を開業、戊辰《ぼしん》戦争での軍需品供給で富を築いた。維新後は井上や渋沢と同様、欧米への視察旅行（民間人の長期滞在としては初）を経て国際貿易業に転身し、日本人による初の貿易商社である大倉組商会（のちの大倉商事）を設立した。大倉土木組（現・大成建設）も創業し、帝国ホテルや日本銀行、歌舞伎座、碓氷《うすい》トンネルなどの建設を請け負った。

日清・日露戦争の軍需でも莫大な利益を得て一大財閥を創出し、日本無線、日本製靴（現・リーガルコーポレーション）、日清豆粕製造（現・日清オイリオグループ）、札幌麦酒（現・サッポロビール）、大倉火災海上保険（現・あいおいニッセイ同和損保）、帝国劇場などを起業した。

立場も個性も異なる２人だったが、井上と同様に若くして欧米への渡航経験を持ち、西洋近代の進んだ現実を皮膚感覚で知っており、そうした優れた点を友好的に取り入れることが大事だという共通認識を持っていた。

帝国ホテルはなぜ「帝国」？

今から１３０年以上前の１８８７（明治20）年１月、外務大臣・井上馨の発案で、渋沢、大倉に加え、益田孝（三井財閥の大番頭）、浅野総一郎（浅野セメント（現・太平洋セメント）創業者）などが集められ、新ホテル建設について議論した。

維新から20年、当時の日本はまだ憲法もできておらず、幕末期に江戸幕府が諸外国と結んだ不平等条約の撤廃が最大の外交課題であった。井上は帝国ホテルの隣接地に大倉の会社、土木用達組が建設した鹿鳴館で舞踏会を開き、接客外交を行ったが不発に終わった。それでも来日外国人、今でいうインバウンドは増え続けており、横浜と比べ宿泊施設が著しく劣る帝都東京には、本格的なホテルの建設が急務となっていた。

同年11月に東京府知事宛てに「有限会社東京ホテル創立約定書」が提出され、12月に認可された。資本金26万円のうち、21％を宮内省が出資し、筆頭株主となった。帝国ホテルは、初めから官民の出資する国家的プロジェクトとしてスタートしたのだ。こうした形態は世界でもほとんど類例がないという。井上は当初、パリやベルリンに匹敵するような帝都の建設をもくろんでおり、大規模再開発による官庁集中計画の一環として新ホテルを設計させた。

ホテルは巨大な装置産業である。たとえば、帝国ホテルの総資産810億円のうち有形固定資産は196億円、うち土地が31億円で、建物および構築物が141億円だ。ただこれは減価償却（累計）を控除したネットの値なので、総額は1076億円となる（2019年3月期の有価証券報告書より）。現在の総資産を上回る建物を保有しているようなもの、つまり会社の財産のほとんどがホテルという「箱」であると言っても過言ではないだろう。

それゆえホテルにとっては、どこ（立地）にどんな建物（建築物や内装のデザイン）が建っているかが絶対的に重要になる。もちろん御三家が御三家たるゆえんは食事やサービスのクオリティあってこそだが、まずは都心部に潤沢な敷地と頑強でデザイン性の高い建屋の確保が大切であり、御三家の歴史も土地の確保、建築や建て替えの苦労話が大旨を占めることになる。

１８８７年８月、帝国ホテルは建設予定地として、井上が大臣を務める外務省管轄の土地を借用するよう申請した。場所は鹿鳴館の北隣、麴町区内山下町１丁目（現在の千代田区内幸町）で、現在のタワー館があるあたりの１万３８６３・５㎡を50年間無賃・無租税で借用するもの。

ところがここでアクシデントが生じる。井上が条約改正に失敗し、外相を辞任してしまったのだ。官庁集中計画は井上の辞任後、外務省から内務省主導に移り、計画の規模が縮小され、ホテルの基礎工事もいったん中止された。

日比谷は江戸時代初期までは入り江だった土地を埋め立ててできたため、地盤が軟弱。当初設計を担当したドイツ人ヴィルヘルム・ベックマンの煉瓦造り４階建て、和洋折衷の案では不安があったこともあり、１８８８年９月に渡辺譲に設計・監理を委嘱して、10月に基礎工事をやり直した。渡辺は木造３階建てに設計を変更、外壁を煉瓦に似た漆喰で塗る擬洋風建築とした。井上の帝都構想はなくなったものの、ホテルは単独で建築が続行された。

１８８９年２月に大日本帝国憲法が発布され、３カ月後の５月にホテルの本体工事が始まった。すでに日比谷には「東京ホテル」が存在したため（１８８７年開業）、７月７日の臨時株主総会でホテル名を「帝国ホテル」とすることが議決され、社名も有限責任帝国ホテル会社となった。「帝国」憲法に加え、当時は帝国大学、帝国生命（現・朝日生命）などのスタートが相次いだことも新社名に影響を与えたようだ。

初日の宿泊客はわずか5人

帝国ホテルは１８９０年11月３日に開業した。渋沢は、開業披露の宴で蜂須《はちす》賀《か》茂韶《もちあき》・東京府知事の祝辞に対して「用命があれば世界のどんなものでも調達して便宜を図る。これこそ帝国ホテルが自身の果たすべき役割と心得、絶対に譲らないところだ。（中略）現在は力不足でも、近い将来、必ず恥ずかしくないレベルを約束する。どうか、ご愛顧をお願いする」（現代語訳）と述べた。渋沢は同時に、帝国ホテルの開業が民業によるものであることを強調した。

渡辺譲の設計によるホテルの外観は、強い傾斜屋根に特徴を持つドイツ風ネオ・ルネッサンス様式。E字形の建物の正面は北側を向いており、日比谷公園と銀座を結ぶ「みゆき通り」に沿って、当時あった外堀に美しい影を映していた。

初代本館

客室数は60。中央部分にフロント、クロークのほか談話室、ビリヤード室、喫煙室や食堂があった。玄関をまっすぐ進んだロビーの先には２００畳の踏舞室（ダンスホール）もあった。内装には和の要素が随所に取り入れられ、神社の祠《ほこら》を備えた部屋まであった。

海外貴賓を遇する「民間の迎賓館」としてスタートしたものの、初日の宿泊客はわずか5人。開業4日後に新聞広告を打ったが、宿泊ではなく宴会や料理の出前・仕出しでの気軽な利用を促すものだった。当時の旅館が1泊2食付きで20〜50銭だった時代に、帝国ホテルの宿泊料は1日50銭〜7円と高額で、一般の日本人にとって高級ホテルに宿泊する需要はまだ大きく見込めなかった。来日外国人も増えてはいたが、海外賓客はそれほど多くはなかった。

そこで帝国ホテルは、宴会に活路を求めようとする。開業翌月には忘年会・新年会の受付広告を新聞に掲載。宿泊者の利用も意識して、食事代は朝50銭、昼75銭、夕1円に抑えた。出資者たちも協力し、衆議院議員大懇親会、慈善舞踏会、日本貿易商会会合など会合・宴会での利用が増えていった。

宿泊・料飲サービス・宴会という3部門の収益が補い合う、日本式のシティホテル経営の原点がここにある。1892年9月に浅野総一郎の令嬢の結婚披露宴が行われ、珍しいホテル披露宴として新聞報道もされている。以降、帝国ホテルはホテルウエディングの草分けとなっていく。

開業時から本格的なフランス料理を提供

西欧では、外交儀礼や貴賓接待の正餐がフランス宮廷料理だった。帝国ホテルでも、開業時から初代料理長の吉川兼吉が本格的なフランス料理の晩餐メニューを考案した。吉川は横浜グランドホテル、鹿鳴館を経て帝国ホテルに移った。開業1カ月後、12月8日のメニューは以下の通りである。

・西洋すかんぽのスープ
・鱸《スズキ》のボイル、牡蠣クリームソース
・きじのロースト、キャベツの蒸煮添え
・仔牛の背肉ピカントソース、さやいんげん添え
・小鴨の蒸し焼き、クレソン添え
・果実入りプディング、チーズトースト添え
・デザート

帝国議会議事堂の火災に伴い、開業３カ月後に貴族院の仮議場となり、１８９１年11月３日には天長節夜会の会場として老朽化した鹿鳴館の代わりに使用されるなど、徐々に迎賓館としての役割を果たすようになってきた。とはいえ、経営的には苦戦が続き、開業の２年後の１８９２年上半期に初配当を行って以降、次の配当は５年後の１８９７年下半期となった。

1903年11月21日の食堂夕食メニュー

支配人にスカウトされた外国人、日本人が入れ替わり立ち替わりしても状況はなかなか改善せず、臨時株主協議会で個人経営に切り替える案まで議論されるほどだった。

だが、１９００年に義和団の乱の終息で清国から高級将校が宿泊するなど外国人の宿泊・宴会が増えると、翌年から業況が好転してくる。１９０２年３月にドイツ人エミール・フライクが新支配人に就任すると、管理職人事を刷新して従業員の信賞必罰を断行。渋沢と頻繁に改善策を協議し、洗濯商へのクリーニング単価の値下げなどを行った。

１９０３年４〜５月には大阪での内国勧業博覧会もあって宿泊が満室となり、一時復配にこぎつけた。英字新聞 *The Japan Mail* のジャーナリストにも「スエズ以東にこれ以上のホテルがないことは議論の余地がなく、（中略）最近における欧風のマネジメントがもたらしたもので、まるで変身を遂げたようである」と絶賛されている。

ところがフライクは、１９０６年2月からの欧州ホテル視察旅行の後、同年8月に帰郷中に急死してしまう。離日中に代理を務めていた兄のカールが後任についたものの、彼も１９０７年8月に東京で死去。フライク家の家紋は、帝国ホテルのシンボルマークである「舵輪を操る獅子」の源流となった。

現存するサービスを数多く生んだアイデアマン、林愛作

１９０４年に65歳で大病を経験していた渋沢栄一は、古希（70歳）を機に１９０９年６月、第一銀行と東京貯蓄銀行を除くすべての事業・役職から引退した。

会長を辞任してからも、渋沢は公私にわたり帝国ホテルをよく利用した。従業員にも気軽に声をかけ、「いろいろの風俗習慣の、いろいろの国のお客を送迎することは、大変にご苦労なことである。骨の折れる仕事である。しかしながら君たちが丁寧によく尽くしてくれれば、世界中から集まり世界の隅々に帰っていく人たちに日本を忘れずに帰らせ、一生日本をなつかしく思い出させることのできる、国家のためにも非常に大切な仕事である。

精進してやってくださいよ」（帝国ホテル編『帝国ホテルの１２０年』帝国ホテル、２０１０年）と、ねぎらい励ましたという。

渋沢の後を継いだ大倉喜八郎は、日本人の適任者を帝国ホテル支配人に採用することを渋沢と検討し始める。日露戦争に勝利して国際的な地位を向上させていた当時、外国人に依存した運営・経営からの脱却を図るのが目的だった。白羽の矢が立ったのが林愛作、グローバルビジネスパーソンの先駆けともいえる人物だ。

１８７３年群馬県生まれの林は、13歳で横浜に出て20歳で渡米。マサチューセッツ州の高校を卒業してウィスコンシン大学に学んで欧米の教養を身につけたため、ニューヨークの社交界に受け入れられた数少ない日本人の一人だった。古美術商・山中商会のニューヨーク支店主任の立場にあり、美術品の取引を通じて外国人富豪とのコネクションがあった。

上流階級の習慣や嗜好を熟知しており、米国、欧州や中国と日本を行き来して、欧米の一流ホテルにも詳しかった。

当初、林は慣れないホテル業界への転身を拒んだが、渋沢たちは林と親しい日本の財界人に頼み込んだ。「西の松本、東の渋沢」と並び称された関西経済界の重鎮・松本重太郎には書簡を送り、大阪にある山中商会本店の了承を先に取り付けた。

外堀を埋められた林は支配人就任を受諾したが、条件を出した。それは、①新ホテル（新本館）の建築は林自身が実行すること、②林愛作のホテルとする＝つまり、運営面では一任してほしいこと、の2つ。渋沢は「そういう熱心な人なら、なおさら結構。〝林愛作のホテル〟で十分に思うように経営してもらいたい」と了承した。

現場の指揮権にこだわった林は、ニューヨークでの生活経験から、日本のホテルに欠けていた社交場の中心としての機能を重視する、球技室（ビリヤード場）を全面改修させ、東京で唯一の舞踏会場にした。館内設備にも手を加え、新式浴室付き寝室の増設や、温水を供給するための暖房装置、トイレや手洗所を新設した。

林愛作

有言実行のアイデアマンでもあった林は新機軸を次々に打ち出した。ホテル内郵便局、ホテル内ランドリー、鉄道乗車券の販売、自動車部（ハイヤー）、案内業者（ガイド）の制服の着用、館内の商品陳列棚といった、現在まで続くサービスの多くが林支配人時代に生まれている。

東京のホテルで初の自家製パン

林は、ホテル自家製のパンも導入した。製パン部を新設し、部長にはアルメニア出身のパン職人、イワン・サゴヤンを任命した。喜八郎が１９１０年に中国・清朝での鉄道建設視察のためハルビンを訪問した際、宿泊したグランドホテルで食べたパンに感激し、そこのパン職人だったサゴヤンに面会したのが始まりだ。

サゴヤンはロシア・ロマノフ王朝の宮廷厨房のパン作り技法を習得し、ロシア皇帝のベーカー試験を1位で通過しながら、外国人の宮廷入りが受け入れられず採用されなかった過去を持つ。ロシアでアルメニア人への迫害が激しくなり、ハルビンに亡命していたのだ。

ビール用ホップを煮詰めたあと発酵させるサゴヤンのパンは香りが高く、ハードロールは皮が薄くパリッとして香ばしい。中は柔らかくて口に入れればサッと溶けるような軽さが特徴で、料理と一緒に味わうことで双方の味がより一層際立つ、と初代総料理長の村上信夫が絶賛している。

１９１１年にサゴヤンが製パン部長となった当時、東京のホテルで自家製パンを焼いていたのは帝国ホテルだけである。以後36年間、帝国ホテルで腕を振るい、「サゴヤン親爺」として親しまれた。伝統のパン作りは現在に受け継がれ、各レストランで味わえるほか、本館1階のショップ「ガルガンチュワ」でも購入が可能だ。

第4代料理長、内海藤太郎はエスコフィエらのフランス料理書をいつも持ち歩き、レストラン・宴会場の料理を正統フランス料理で統一した。林が経営改革の一環として、牛肉のみりん漬けや生姜漬け、クジラのステーキなど日本特有の味を取り入れるよう提案しても、すき焼き以外の醬油を用いた料理は外国人に適さないとして自分の料理を貫いた。

頑固者同士、やがて林と内海は対立するようになるが、米国からの団体観光客が内海の料理を絶賛し、林も内海を手放すことはためらったという。やがて内海は横浜のホテルニューグランドが1927年に開業する際に、スイス人の初代総料理長サリー・ワイルのスーシェフとなる。ニューグランドの料理は日本のフランス料理の源流の一つとなり、オークラやニューオータニにも多数の人材を輩出することになる。

村上の後を継いで2代目総料理長を務めた田中健一郎は、「帝国ホテルのフランス料理（という独立したカテゴリー）は存在する」と、つねづね部下や他のホテルの料理長たちに話している。「明治、大正、昭和初期の料理長は、フランスのホテルの料理長のように、いろいろなホテルの料理長を経験してから一つのホテルに落ち着いた。そんな時代のなかで、日本の料理人がフランスへ行って切磋琢磨して、帝国ホテルでも苦労して苦労して素晴らしい料理を作っていく。舞台はホテルではなく、日本だった」

現在の杉本雄《ゆう》まで14代にわたる帝国ホテルの料理長のなかでも内海は、「調理技術、フランス語も堪能で、傑出した存在だといわれている」(田中)。

一方、林のもう一つの就任条件だった「新ホテル建設」は大難産となり、林自身の出処進退まで左右することになる。

日露戦争に日本が勝利すると(1905年)、訪日外国人が増加し、ホテルの受け入れ能力不足が深刻になってきた。築20年以上経過した帝国ホテルの本館は、素材が木材と漆喰のため老朽化が早く、林の就任時点で新館の建設が上層部の話題となっていた。林自身が『週刊東洋経済』1911年2月15日号に寄稿し、「われわれはわが帝都に優等なるホテルを新築するは目下の急務なりと認む」と訴えている。

フランク・ロイド・ライトの熱狂

1914年からの第一次世界大戦で国内経済が潤い、戦争末期には米国から来日客が増え、帝国ホテルは17年には開業以来の好業績にあった。

林が新館建設で白羽の矢を立てたのは、ニューヨーク時代から浮世絵などの取引を通じて昵懇《じっこん》の間柄にあった米国人建築家フランク・ロイド・ライトである。ライトの浮世絵への造詣は深く、個展を開くほど本格的なものだった。彼の手による本館は完成後、「ライト館」と呼ばれるようになり、現本館に建物が置き換わった今でも多くのファンを持ち、帝国ホテルの外観的イメージとなっている。

フランク・ロイド・ライト

ライトは1867年、ウィスコンシン州生まれ。ル・コルビュジェ、ミース・ファン・デル・ローエと並び「近代建築の三大巨匠」と呼ばれる傑物だが、当時は仕事面でも精神的にも人生のどん底にあった。依頼主の妻と不倫関係になり名声を失ったうえ、欧州への逃避行の後にこの女性と2人の子が使用人に惨殺されるという悲劇に見舞われた直後だったのだ。

個人の邸宅のデザイン中心だったライトにとって大きなチャレンジだったが、日本の「民間の迎賓館」の本館建築は名誉挽回の願ってもないチャンスとなった。

1914年ごろにたまたま来日したライトに、林はホテル建築のことを相談した。まだ重役会の承認も得ていない段階でライトが設計しても、計画が否決されれば報いるものはない。正直に話す林に、ライトは「それでもいいから、とにかくやってみよう」と承諾し、来日中に構図を作ってくれた。

ライトは「プレイリー（草原）スタイル」と呼ばれる低層階建築を得意とした。新館の構図も日本の平等院鳳凰堂や、シカゴ万博での日本館に影響を受けたデザインだった。

新館の建設予定地は現在の本館が建つ場所と同じだが、当時は内務大臣官邸が建っていた。しかも皇宮地に組み入れられたため、用地交渉は宮内省と内務省の双方が相手となり、非常に難航した。会長を退いた渋沢が尽力したこともあって、１９１５年7月にようやく宮内省から敷地の使用許可が下りる。帝国ホテルは同年10月の重役会で１２０万円の倍額増資を行った。

１９１６年3月に林とライトは覚書を交わす。工期は2年間で予算は１３０万円。ところが、ここから期間と経費が雪だるま式に膨れ上がる「世紀の大難産」が幕を開けることになる。

宮内庁から許可が下りた土地の使用についても、内務省との交渉が長引いた。内務大臣邸を取り壊した後、霞が関に新官邸と附属建物を新築寄付することで、ようやく許可が下りたのが同年9月。11月の臨時株主総会で新ホテル建設が決議され、ライトが来日したのは12月になってからだった。内務大臣邸の新築工事も、物価騰貴による追加負担を求められ、完成は18年9月までずれ込んだ。それから旧邸を取り壊し、跡地の使用許可が正式に下りたのは20年1月。その間、帝国ホテルは資本金を３００万円に増資した。

次に苦労したのが、施工技師の選定だった。構造計算と施工監督のできる技師は多くなく、経験豊富な専門家として、ライトとも仕事をしたことがあるドイツ系米国人のポール・ミュラーに的が絞られたが、なかなか首を縦に振らない。最後はライト自身が直接「新ホテルは単なる建造物ではない。日米親善を実現すべき一大重任を帯びたものである」と訴えて説得した。

１９１９年9月、動力室から工事が始まったが、この時点で建築費は２５０万円と当初の2倍に膨らんだ。着工遅れの間に白米の値段が3倍以上になるような物価騰貴が重なったためでもあった。

巨大な芸術作品の建設

ライト館には「鉄筋コンクリートおよび煉瓦コンクリート造」という珍しい構造が採用

された。鉄筋を配置した後、外周に石材や煉瓦を積み上げ、その隙間にコンクリートを流し込む工法である。石材と煉瓦で内外装を凝った造りにできるうえ、打ち込みのための型枠を必要としない分だけ経費も節約できる。

石材には、それまで建築の主材料には使われていなかった大谷《おおや》石《いし》が選ばれた。林によると、適当な石が見つからず悩んでいたライトと青山の通りをドライブしていたとき、偶然通りかかった郵便局のような建物の外装に使われていたのが大谷石だったという。ライトは自ら栃木県の大谷石産地を視察調査して、埋蔵量の多い石山を山林ごと購入してしまった。

ライトの構想では、外装は大谷石とスクラッチタイル（スダレ模様煉瓦）を組み合わせ、内部の間仕切りや要所には穴あき煉瓦を使って美観と軽量化を同時に追求する。しかし、日本では製造していなかったスダレ煉瓦を米国から調達するとコストがかさんで建築予算の半分近くが煉瓦代となってしまう。林は重役会に諮《はか》ったが、さすがに認められず、国内で製造する道を模索することになった。

取締役の村井吉兵衛の別荘に同色のタイルがあったので調べさせたところ、愛知県知多郡西浦町（現・常滑《とこなめ》市）の陶工・久田吉之助の作とわかった。そこで林が久田に依頼したが、多額の前払金を受け取ったきり、一向に出荷してくれない。仕方なく直営で工場を手当てして製作を始めた。ライトの求める焼き色が出せず苦労したが、契約解除に逆上した久田が焼成中の窯を開けたことが怪我の功名となり、早めの窯出しと急冷却によって理想の黄色系煉瓦ができた。穴あき煉瓦については、伊奈製陶（現・ＩＮＡＸ）創業者・伊奈初之烝の長男・長三郎の助言も得て、ついに製造に成功する。

ライト館完成予想図

日比谷の軟弱な地盤の上に建築するため、ライト館には「浮き基礎」という新工法が採用された。基礎杭を浅めに打ち込むことで、地震の際に下の粘土層と上の硬い埋土が異なる揺れ方をして被害を小さくするのだ。さらに建物全体を10ブロックに分けて造り、それぞれをエクスパンション・ジョイント（伸縮接合）でつないで揺れを逃がすようにした。

工事が本格化すると、日本の長雨が現場を困らせた。外国人スタッフの認識不足が主因だが、基礎杭の穴に雨水が漏れ、流し込んだコンクリートと混ざってしまう。

ライトは先に大枠のスケッチとして原設計図を作り、現場で細部を詰めるスタイルで工事を進めるため、変更は日常茶飯事だった。気に入らないと何度でもやり直しをさせた。それでも日本人職人たちはライトの要求に応え、名人級の才能を発揮した。石工、大工、煉瓦職人、飾り職人、家具職人など、常時600人程度の職人が雇われていた。

どこまでも細部にこだわるライトによる設計・意匠の変更で、スケジュールはどんどん後ろ倒しになり、費用も雪だるま式に膨れ上がっていく。1921年春の時点で予算をオーバーしてしまい、12月には設計変更で建坪1600坪あまりが増加し、追加で150万円の建築費が必要になった。

喜八郎は銀行と交渉したが、結論は翌年に持ち越された。12月末の臨時株主総会では、完工予定の22年3月末までに168万円強が必要というライトの概算に対して、予算内での完成へ精査を徹底することと、建築費が300万円を超えた部分についてライトへの報酬(総工費の5%の契約)を減額または支払わないことを決議した。

さらに翌22年1月4日の重役会では、林にほぼ一任してきた運営体制を改め、同格の役員(小林武次郎常務)を立てて監査も行うように変えた。資本金は600万円に倍額増資され、とにかく新館の完成に全力を尽くすこととなった。

ライトと議論を戦わせながらも、基本的には彼を擁護した林だったが、アクシデントが連発する。ライト館が着工（１９１９年９月）した年の12月27日、別館が火災で全焼してしまう。別館は１９０６年に竣工し、増加していた来日外国人宿泊客の受け皿だった。午後８時半ごろ客室から出火、宿泊客46人はほとんどが食堂にいて全員無事だったが、帝国ホテルには大きな損失となった。そこでライト館より先に別館を新築再建することになり、ライトの設計で突貫工事が行われた。

相次ぐ出費に苦渋の林はライトへの手紙で本音を吐露している。

「私たちが今どんな窮地に追い込まれているか、あなたも理解していただきたい。……建築のことには口を出すな、それは私の出る幕じゃないとあなたはいいますが、あえていわせてもらいます。建物の完成に私は全責任を負っているのです、それは何年も前にあなたも認めた事実です。……あなたがそういう風であるかぎり私たちは一緒にやっていくことは無理です。……私は人生の誤りをおかしてしまった。あなたを信頼し、困難な仕事を達成しようと欲し、そして今みずからの破滅を迎えている。

……しかし私はだれを恨むこともない、ただ自らの至らなかったことを責めるばかりです」

（『帝国ホテルの１２０年』）

トラブル続きで延期に次ぐ延期

別館焼失に経済恐慌といった背景もあり、完成予定はさらに１９２２年４月15日まで延期される。喜八郎が林に代わる工事監督責任者となるが、４月15日の完成も困難となると、４月14日の重役会でライトに設計図を提出させ、社内に工程・施工部署を新設して完成を急ぐことになった。

弱り目に祟り目で、林にとってさらなる不運が襲いかかる。４月16日に今度は（創業時の）本館で火災が発生する。都心で２度の大規模火災は極めて異例。火元は本館地下室で、従業員の火の不始末だった。午後３時40分の出火から３時間で約１８００坪の本館は全焼し、長期滞在客のギリシャ人１名が死亡した。当時の新聞記事には林の悲痛な様子が描かれている。

「支配人林愛作は出火と同時に和服の上に外套を纏ひ襟巻で鼻口を覆ひながら猛火中

を八方に駆巡って指図して居たが、午後五時過ぎ焼け残った別館脇の乱雑に放り出されたトランクや寝台の間にグッタリ身を任せて拳を握り男泣きに泣いて居た」

（『東京朝日新聞』1922年4月17日）

翌4月17日の重役会で、新ホテル完成まで営業を休止することを決定し、20日に全取締役が辞表を提出した。5月6日の臨時株主総会で新役員が選任されたが、旧経営陣は相談役となった（小林武次郎常務のみ再任）。一方、新役員には大倉喜八郎の息子・喜七郎など旧役員や大株主の子息が就任、実質的には林一人の退任となり、以降、重役会に林が出席することはなかった。5月9日には大倉喜七郎が会長に選任され、富士屋ホテルおよび箱根ホテル取締役の山口正造が常務として就任した（6月24日に支配人に）。

ライト館の建築はまだ続いていたが、22年7月初めに米国海軍エドウィン・デンビー長官一行が国賓として来日することが決まると、政府から新ホテル建築を急ぐよう要請があり、昼夜兼行の突貫工事が始まる。旧本館の従業員まで作業の手伝いに駆り出され、一行の来日直前の6月末に中央食堂と北翼客室が完成。7月2日に一行を無事に迎えると、帝国ホテルは3日に新館落成、開業の新聞広告を掲載した。もっとも実際には宴会場や演芸場は未完成で、南翼は工事続行も危ぶまれる状態だった。

7月12日に新役員陣が今後の工事の進め方を協議したが、その席上で、22日にライトが帰国することが明らかになる。設計図は完成していたので了承されたが、ライトとしては志半ばでの撤退となった。翌13日の重役会でライト本人が「7月22日に帰米する」と大倉会長に伝え、会長が「帝国ホテルとしてこれを了承する」と口頭で返す、淡々としたものだった。現場の作業はライトの弟子の遠藤新が引き継いだ。

この重役会では、工事は一時中止し、未完成部分は請負として予算と施工期日を確定してから再着手することが決まった。そのうえで中央部の宴会場と演芸場、東南隅の家屋形状の未完成部分のみ、8月中に落成させることにした。さらに24日の重役会では、旧本館の敷地の大半を売却して借入金の返済に充てることになった。

宴会場と演芸場は10月に完成。11月16日の重役会は3時間半の激論の末、南翼は部分ごとの請負工事として、かつライト式によらず、完成第一で工事を進めることになった（このため、完成した北翼と南翼では細部のデザインが微妙に異なっている）。残り工事の予算は約60万円。建築費仮払金は650万円弱にまで達し、借入金は資本金の7割近く、417万円に達していた。

日比谷公園上空から見たライト館

　このころ、グリル食堂や地下１階のショッピングアーケードが完成して、19店舗で営業を開始している。ホテル直結のショッピング街は日本初で、現在も営業を続けているのがウエダジュエラー、マユヤマジュエラーの２店舗である。

ついにライト館完成

　１９２３年１月、帝国ホテルは株主総会で社長制の実施を決め、大倉喜七郎が初代社長に就任した。大倉喜八郎・前会長は非常勤だったが、今後は喜七郎が事業を統括執行する最高責任者となった。喜七郎は後にホテルオークラの創業に関わることになる（詳細は第３章）。

　着工から丸４年、ライトとの覚書から実に７年半を経て、１９２３年８月末にようやく新本

中庭

孔雀の間

館であるライト館が完成した。大谷石の白と煉瓦のコントラストが特徴的な地上5階・地下1階の建物で客室数は270。正面に立つと池の向こう側に玄関が見え、正面玄関を抜けると、3層分が吹き抜けとなったロビーに行き着く。

内装にも大谷石とスダレ煉瓦が多用され、絵画や銅像を置かなくても建物自体が巨大な彫刻作品のようになっている。灯籠《とうろう》風の柱の中に電灯が引いてあり、夜には特殊煉瓦の透かしを通してやわらかな光があふれていた。

中2階やひな壇式の床が随所に設けられて、有機的な重層感を強調する空間造形となっており、職人たちが手を焼いたライト特有の幾何学模様の装飾もいたるところに施されている。階段は多いが緩やかで、高齢者にも疲労感は少なかった。玄関、ロビーや北翼の客室廊下にはコルクタイル（南翼はランナー）を敷き、その上に北京で特注した絨毯を敷いて防音にも気を遣っていた。

フランク・ロイド・ライト・スイートのベッドルーム

ロビーを抜けると演芸場があり、上階が大宴会場だった。約１０００人が収容可能な十字形の広間で、欧州の劇場のような場内には繁岡鑒一《けんいち》画伯による孔雀の大壁画や、四隅に孔雀をかたどった大谷石彫刻があり、「孔雀の間」と呼ばれた。現在の本館の大宴会場も「孔雀の間」の名を継承している。

客室も一部屋ごとに雰囲気が異なるという凝りようで、床のタイルは幾何学模様、六角形の背当ての椅子など、ライト自らがデザインした意匠が採用された。照明はすべて落ち着いた雰囲気のサイドライト（側光）だった。

現在の本館の14階には、２００５年の改装で「フランク・ロイド・ライト・スイート」が新設されているが、この部屋にもライトの意匠が用いられており、煉瓦と大谷石の灯籠柱をデザインした室内灯も置いてある。

動力源・熱源をすべて電気にした「オール電化」施設だったことも特筆される。動力室には自家発電設備を備え、電気器具はすべて輸入品だった。

現在、帝国ホテルの本館1階に、ホテルの歴史を紹介する展示スペース「インペリアルタイムズ」があり、CGで再現されたライト館の動画も上映されている。

日本のホテルを一流にした功労者、犬丸徹三

林愛作の退任後、ピンチヒッターとして支配人を務めていた山口正造に代わり、1923年4月に支配人に就任したのが本章冒頭の3胸像の一人、犬丸徹三である。日本ホテル協会の会長を1948年から71年まで23年間にわたって務め、業界への貢献も大きかった。

犬丸は1887年6月8日、石川県能美郡根上村に生まれた。東京高等商業学校（現・一橋大学）を卒業するが、日露戦争後の不況による就職難で満州鉄道の直営する中国吉林省の長春ヤマト・ホテルに就職する。その後、上海バリントン・ホテルでの料理人を経て、第一次世界大戦勃発後のロンドン（サヴォイ、クラリッジズ）やニューヨーク（リッツ・

カールトン、ウォルドーフ・アストリア）でラグジュアリーホテルの接客技術を習得した。

１９１８年に林支配人から手紙が届き、その後のやりとりで新館調理場の設計責任者として採用したいのだとわかる。逡巡したが、第一次世界大戦が終結したこともあって帰国、19年1月から副総支配人として勤務していた。調理場の設計には慎重を期して半年かけ、①料理人やキッチンポーターは常に左側通行で、②（従前の他ホテルが下げ膳の処理を後回しにしがちだったのとは逆に）食堂から下げてくる食器類を能率的に処理する、という2点をとくに重視した。

犬丸徹三

晴れの日の激震

2度の火災と関係者の世代交代を経てようやく完成したライト館を、帝国ホテル史上3度目の災害が襲うことになる。１９２３年9月1日は開業披露の祝宴が午後から予定され、犬丸が支配人として初の大役をこなすはずだった。準備がほぼ整った午前11時58分、マグニチュード

7・9の大地震が発生したのだ。関東大震災である。

犬丸は最初の揺れが収まると、紋付に羽織袴の正装のまま支配人室を飛び出して調理場へと走った。料理人たちも逃げ出したようで人影はない。電気炉の火がつけっぱなしで、油を入れた大鍋が放置されている。周辺の床には油が点々とこぼれて小さな火焔《かえん》を上げている。鍋に引火したら大爆発だ。犬丸は床上の火焔を踏み消すと「誰かいないか」と叫んだ。離れたところの調理台から3人の菓子職人が這い出てきた。犬丸は鍋の処理を命じると、壁間の電気スイッチに飛びついた。同じころ、動力室では入社1年半の電気技師、22歳の森田伝治が余震のなかを這うようにしてメインスイッチを切っていた（犬丸徹三『ホテルと共に七十年』展望社、1964年）。

近隣では警視庁、帝国劇場が全焼。東京電燈本社も燃え、道路を隔てたライト館北翼も類焼の危機にさらされた。が、従業員らが外側から建物によじ登って窓を閉鎖し、屋根に上って火のついた家具を投げ捨てて延焼を防いだ。水道管が破裂して消防用水が不足するなかで、正面玄関前の蓮池からのバケツリレーに外国人宿泊者も加わり、ライト館を守り切ったのだ。

このとき、南側に設置していた防火壁も類焼を防いだ。これは、大倉喜八郎がライト館建設中に強硬に建設を主張し、ライトとも協議して予算をひねり出したもので、太平洋戦争時の東京大空襲でもライト館を守ることになる。

犬丸は喜八郎について「時に、落雷の如く大喝、怒声を発して、従業員を叱咤された。しかし、それは決して後をひくことがなく、その時限りで、一天からりと晴朗の状態を呈するのが常であり、これがむしろ私たちに爽快感をさえ抱かせたものである」と、全幅の信頼を置いていた。

関東大震災 帝国ホテル付近の猛火

死者・行方不明者10万５０００人超、家屋の全半壊・焼失37万２０００戸超の大災害。震源に近い横浜地域ではさらに被害が激しく、グランドホテル、オリエンタルホテルなどが相次いで倒壊・焼失。そうしたなかでライト館は大規模なダメージから辛くも逃げ切り、「関東大震災でも倒れなかった耐震性」という強烈なイメージを世界に向けて発信した。とはいえ被害がなかったわけではない。地下水泳場は柱が折れて使用不可能となり、それ以来ワインの貯蔵庫となった。

関東大震災の復興拠点

震災後、犬丸は従業員の罹災《りさい》家族をホテルに収容し、避難してきた一般市民もできるだけ収容して食事を提供することにした。喜七郎の指示で宿泊料は無料とし、経営陣はライト館南翼を以下のように使用することを決定した。

①1階全部を罹災会社の事務所に充てる、②2階は宿泊客用に充てる、③3階はとくに横浜その他の罹災地から来る外国人の宿泊客用に充てる、④事務室は主として復興工事を急ぐ会社に貸し、同時にホテルの民衆化および社会奉仕に努める。

この方針に沿って、食料と資金の確保に全力を挙げ、罹災企業や外国公館にホテルを開放した。9月2日に米国大使館が移転してきた際は、食料供給と引き換えに料理・給仕を提供した。朝日、国民、萬《よろず》朝報、神戸、ジャパンタイムズなどの新聞社・通信社も帝国ホテルに仮事務所を開き、大倉組、王子製紙、三菱商事など各社もホテル内で執務を開始した。ライト館南翼は「復興本部街」となった。

震災で都心の劇場がほぼ全滅し、帝国ホテルの演芸場は都心唯一の劇場として、新劇や映画を上演した。また、東京會館や築地精養軒などの披露宴会場が震災で営業を中断したため、帝国ホテルの宴会場が結婚式・披露宴の会場としても注目を集めた。ただ、日比谷大神宮も焼失し飯田橋へ移転していて、神社で挙式するには移動に不便だった。

　そこで犬丸は、滋賀県犬上郡多賀町の多賀大社を館内に分祀した。イザナギノミコト、イザナミノミコトを祀る、由緒ある神社である。老舗美容室の着付けと写真撮影専門店の協力も得て、挙式から披露宴までホテル内ですべて提供できる体制を整えた。

大使館に仮事務所を提供した。
左にアメリカ国旗、右にイギリス国旗が見える

米兵による食料運搬

　一貫サービスを武器に、帝国ホテルでの婚礼件数は急増した。その後は年間１０００件近くの挙式件数を誇るホテルウエディングの先駆けとなり、他のホテルへも急速に普及していった。レストランウエディングやハウスウエディングが定着す

1913年の結婚披露宴。出席者のほとんどが男性

るなかでも、内装やプランをアップデートさせ、２０１８年でも９０７件（前年比10件増）の挙式を維持している。

帝国ホテルはクラシックやジャズの普及にも努めた。海軍軍楽隊や海外の音楽家の演奏会に加えて、喜七郎の後押しで東京シンフォニー・オーケストラが常駐ジャズバンドとして演奏していた。外国人が中心だったので関東大震災後は自然解散したが、１９２４年からハタノ・バンドが演奏を開始。演奏のある日の売り上げが２割増しと好調だったため、同バンドが合流したハタノ・オーケストラと契約し、毎日４時間以上、土曜日はダンスのため夜半まで演奏させた。伝統は受け継がれ、２００４年から総勢１００名超の大型ジャズフェスティバル「インペリアルジャズ」が毎年開催されている。

ライト館完成から10年もたたない１９３２年、帝国ホテルは早くも次のプロジェクトを構想する。同年８月の重役会で審議された「東京新ホテル計画」、すなわち新築計画である。というのも、１９４０年が神武天皇即位から２６００年目にあたり、オリンピックと万博開催の計画があったためである。ライト館の陣容では客室数が不足していたうえ、建物が不揃いに沈下する「不同沈下」や冷房面の不備など機能性にも問題が出てきていた。不同沈下はライト館の工事進行中から始まっており、完成前に両翼の客室棟が中央部分より１・６尺（約48・５㎝）も沈んでいた。

とはいえ、１９３４年に資本金６００万円を３００万円に減資していた帝国ホテルの台所は火の車で全面新築の余力はなく、ライト館の増築計画に修正された。南・北翼の西端、日比谷公園側を取り壊して地上８階・地下１階、客室数２６０室の新館を建てるというものである。新館の１～２階の中央には、パリの凱旋門のような空間を確保してライト館の正面玄関に通じる設計だった。

取り壊しでライト館の客室が40室減るものの、新館と合わせて計５００室に拡大する。増築費用２００万円は借入金と増資で調達し、１９３６年４月に資本金を４００万円に増資した。これにより、喜七郎が筆頭株主となった。

シャリアピンステーキ

このころ、レストランでは名物料理「シャリアピンステーキ」が生まれている。１９３４年に帝国ホテルに宿泊したロシアの世界的オペラ歌手、フョードル・イワノビッチ・シャリアピンのために特製で作られたステーキで、歯の調子が悪かったシャリアピンのため、「ニューグリル」のシェフだった筒井福夫が考案した。

叩いて薄く伸ばしたランプ肉を玉ねぎのすりおろしに漬け込んでやわらかくしてから焼き、さらにバター炒めしたタマネギのみじん切りを載せる。

シャリアピンは滞在中、毎日のようにニューグリルに足を運び、賞味するほど気に入った。このソースを使用しないステーキに注目した犬丸は、36年にシャリアピンが再び来日した際、料理名に同氏の名前をつける許可を取り、「シャリアピンステーキ」として定着した。「レ セゾン」で提供された後、現在はレストラン「ラ ブラスリー」で楽しむことができる。

またこの時期、喜劇王チャールズ・チャップリンが２度来日している。１度目は１９３

ベーブ・ルース

チャールズ・チャップリン（中央）

2年。報道陣や見物客が殺到し、ライト館の窓ガラスが破壊され警官隊まで出動する大騒ぎとなったため、2回目の36年にはお忍びで来日した。2回目は女優ポーレット・ゴダードとの新婚旅行だった。ほかに、米国大リーガーのベーブ・ルース、〝奇跡の人〟ヘレン・ケラー、新聞人ジョセフ・ピュリッツァー、デンマークの物理学者ニールス・ボーアなどが帝国ホテルに宿泊している。

戦火を逃れ、今も使われ続ける銅鍋

話を新館建築に戻そう。1935年5月から喜七郎らが海外のホテルを半年間視察、1937年4月に設計監督・現場監督を高橋貞太郎に委嘱する契約書も取り交わされた。高橋と犬丸は、犬丸が１９３０年に母校・東京高等商業学校の同窓会館である東京・一橋の如水会館を訪れた際に、向かいにあった学士会館の設計に感服し、その設計者が高橋と知ってからの関わりである。

サービスには妥協しないが、建物や設備には合理主義者だった犬丸にとって、ホテル建築はあくまでも商業採算の上に立つべきであり、「桂離宮のような封建時代の皇族の邸宅」ではない。芸術的な建築物として帝国ホテルの代名詞となったライト館は、犬丸には愛憎半ばする存在だったようだ。

この新館建築は資材の発注も始まったが、やがてお蔵入りとなる。すでに１９３３年に国際連盟を脱退していた日本が37年7月、盧溝橋事件を契機に日中戦争に突入したためだ。9月には臨時資金調整法が制定され、軍需産業への資金配分が優先されることになった。38年には極秘情報として万国博覧会の中止が伝わり、帝国ホテルは株主総会で増築計画放棄を決定した。

帝国ホテルは軍との関わりが深くなる。二・二六事件の翌日には陸軍参謀本部の幹部がロビーで事態収拾のための会談を開き、のちに「帝国ホテル会談」といわれた。38年４月の国家総動員法でホテル運営が統制を受け、宿泊料金も１９３９年10月の価格等統制令で凍結された。

１９４０年代に入り日本軍が劣勢になると、料理や宴会も制限され、物資の供出も迫られるようになる。41年８月と43年８月の金属類回収令では放熱器類、食器類、扇風機、階段の滑り止めや敷物押さえの金具まで提供したが、死守したものもあった。エレベーターは用途を貨物運搬用に変更して供出を回避した。

また調理道具のうち、開業以来使われていた料理人の命でもある銅鍋《あかなべ》だけは〝疎開〟させた。日露戦争を経験していた第８代料理長の石渡文治郎が機転を利かせ、事前に近所の直営レストラン「リッツ」の地下２階に隠したのである。熱伝導率が高く、熱がまんべんなく穏やかに伝わる銅鍋は料理に欠かせない。戦火をくぐり抜けた銅鍋たちの一部は大切に手入れされ、現在でも使用されている。

石渡は１８８３年横浜生まれ、横浜グランドホテルのスープ兼グリル主任を経て１９２２年７月に帝国ホテルに入社した。１９２８年11月に、同じ料理係の栗田千代吉（のちに２番シェフとして宴会料理を支える）とともに、大倉喜七郎社長の自費で、料理研究のために渡仏する。パリではホテル・リッツでエスコフィエらに最新のフランス料理を学んだ。

リッツに次ぐ格式のホテルコンチネンタルで宴会料理も学び、イタリアでも修業した。

30年９月に帰国するとすぐ料理長に就任し、帝国ホテルの料理を20年間牽引した。太平洋戦争中には、魚や野菜などの生鮮食料品の調達が困難を極めるなかで、料理を工夫した。

戦時中の食材調達難のなかでも、帝国ホテルの伝統の料理を大切にしながら創作料理にも取り組んだ。トリュフの代わりに水前寺《すいぜんじ》苔《のり》やマツタケを使うなど、日本で手に入らない素材は国産品で代替した。高額で量の多いコース料理だけでなく、一品ごと注文できる手軽なアラカルト料理の開発にも取り組んだ。

１９４４年後半から米軍機の本土爆撃が本格化し、45年には都市空襲も激化する。３月９日深夜から10日未明の東京大空襲の後、４月に帝国ホテルは外務省と賃貸借契約を交わし、重光葵《まもる》外相ら外務省の高官のほとんどが北館２階の客室39室で執務するようになった。

「連合国軍総司令部（ＧＨＱ）が戦後に使用するために爆撃目標から外された」という伝説もあるライト館だが、実は被弾している。５月24日夜の大空襲では南館客室の２階以上、別棟のすべて、さらに宴会場の大部分が被災した。焼失面積は本館全体の５割を超えた。客室１５０室が使用不能となり、６月まで一時営業停止。被害総額は約１７００万円にのぼった。

GHQの接収で「米軍ホテル」に

終戦の日、1945年8月15日の玉音放送を、従業員は集められたロビーで聞いた。9月2日、降伏文書に調印するため、重光葵外相は帝国ホテルから米戦艦ミズーリ号に向かった。

女子客室係1期生の竹谷年子は重光の客室を担当していたが、給湯器の停止していた風呂に湯を張るため、厨房からバケツを持って階段を何往復もした。自宅の畑で採れた野菜でサンドイッチを作り、提供したこともあった。調印当日の朝、重光から色紙を託された。そこには自筆で「永らへて　甲斐ある命　今日の日に　御国の盾と　我ならましを」と記されていた。

GHQは9月8日から東京進駐を開始した。その日にランチに訪れたダグラス・マッカーサー連合国軍最高司令官は、犬丸に部屋を案内させた後、車に同乗させて都内を案内するよう命じた。

第一生命保険本社ビルの前で「あれは何か」とマッカーサーに聞かれ、犬丸は「空襲をまぬがれた建築のうちで、最もすぐれたものの一つである」と説明した。後日、総司令部が第一生命ビルに置かれることが決定されたと聞き、犬丸は寝覚めの悪い感じを味わったという。

８月30日に横浜の４ホテルが、東京では９月17日に帝国ホテルと第一ホテルが接収された。最終的に接収されたホテル・旅館は全国で約１００軒に及び、日本人は招待客を除いて一切使用が認められなくなった。

45年11月の「株式会社解体指令」により、持株会社の解体、企業規模の制限のほか、財閥家族が所有する株式の買い上げ、財閥家族の役員就任禁止などが行われた。いわゆる財閥解体である。大倉財閥も解体の対象となり、喜七郎と家族は大倉土木組、大倉鉱業、大倉商事などの所有株を失い、関係会社の役員も退いた。

ホテル事業には格別な思い入れのあった喜七郎だが、45年12月に帝国ホテル会長も退任することになる。同月の臨時株主総会で、高杉晋取締役が会長に、専務となっていた犬丸が社長に就任した。

１９４５年にマネジャーとなったＪ・Ｍ・モーリス中尉は気が短く、言語の壁もあってしばしば従業員と衝突した。犬丸は「精神的に拘束を受け、不快な体験を味わったこともしばしばあった」と述懐している。それでも46年秋ごろから進駐軍人の夫人たちが来日すると、社交場が生まれてパーティーが増え、カクテル・ラウンジが拡充された。モーリス中尉も6年間を過ごすうちに、従業員たちに全幅の信頼を寄せるようになったという。

犬丸は、連合国の将兵と接した従業員300人が、外国人客の嗜好を短時間で把握するために海外留学に行ったのと同じような効果を得られたと考えていた。料理場の衛生基準をはじめとする米国の進歩した衛生思想や、災害に備える予防の知識についても具体的かつ詳細に学ぶことができた。

経済の民主化のなかで、帝国ホテルにも労働組合が結成され（1946年5月）、従業員の給与格差も解消していった。日給と月給が混在していた支払い形態も日給を廃止したほか、内勤社員にチップの恩恵が及ばないことを改善するために「心付け分配制度」を取りやめて「ノー・チップ制」に変更した。客からは売り上げの10％をサービス料として徴収し、全社員に均等分配する。やがて全国のホテルがこの制度を導入していった。

石渡は米軍の炊事係軍曹とそりが合わず、レストラン「リッツ」に自分から出向した。犬丸のプライベートな宴会などの際は帝国ホテルの調理場に立ったが、接収解除を待たずに1951年に逝去した。石渡の基本重視の姿勢は、お客様重視のおもてなしの心とともに、帝国ホテルの料理に脈々と受け継がれている。

マリリン・モンロー「シャネルの5番」会見

1951年9月、日本は米国など48カ国とサンフランシスコ講和条約に調印、52年4月に条約が発効して、占領時代は終わった。帝国ホテルも52年3月中には返還されることになったが、被災した建物の本格的な改修はまったく行われておらず、鉄骨がむきだしのままの場所もあった。

1953年には、喜七郎が手放した帝国ホテル株を取得していた金井寛人が会長に就任する。これ以降、帝国ホテルは大株主の異動を何度か繰り返し、注目を浴びることになる。また、国際会議に際しての宿泊施設不足に対応するため、54年11月に新館（第1新館）を建築する。

このころ投宿した有名人に、マリリン・モンローがいる。1954年2月に大リーグのホームラン王だったニューヨーク・ヤンキースのジョー・ディマジオとの新婚旅行での来日で、チャップリン同様に人が殺到し、ライト館のベランダで手を振る彼女を撮影しようとして壁によじ登り、池に落ちる者までいた。滞在中の会見で記者から「夜は何を着て寝るのか？」と聞かれ、「シャネルの5番」と答えたのは、あまりにも有名なエピソードである。

この様子をテレビで見ていたのが、宿泊部客室課マネジャーの小池幸子である。当時は小学生で、ライト館に映えるモンローを見て、「ああ、こんなところで働きたいなと思った」という。

第1新館。現在のタワー館の位置に建てられた

1955年5月に国際商業会議所総会が東京で開催され、帝国ホテルも4つの一般会議のうち一つの会場となった。会期中、送電線故障で東京一帯が1時間半停電するアクシデントがあったが、第1新館には自家発電装置が設置されており、会議が滞りなく進行して世界を驚かせた。

また、東京国際空港（羽田空港）のターミナルビルが開業し、帝国ホテルもライト館に主要航空会社の案内所を設置する。開発中の大型ジェット機が実用化されれば、来日外国人はさらに増加することが予想され、第1新館完成から2年も経たない1956年7月に第2新館の建設が決定。58年8月1日の第2新館オープンで、客室数は833室となった。

銀座側から見た第2新館

日本初のバイキング

第2新館では料飲施設やパブリックスペースも充実した。出色は地下1階のレストラン「インペリアルバイキング」である。一定金額を払えば料理はどれでも取り放題、というバイキング／ブフェ形式のレストランは、帝国ホテルが日本で初めてスタートさせたものだ。犬丸徹三の長男である犬丸一郎が米国留学した際にニューヨークで知った、北欧の伝統料理「スモーガスボード」を範としている。別に海賊（＝バイキング）だけが食べるのではない。

帰国した一郎は、常原久弥料理長（第9代）に提案するが、帝国ホテルではそれまで格調高いフランス料理が伝統だったため、「それァ、坊っちゃん、だめだよ」と、いったんはNGを食らう。が、徹三がニューヨークでスモーガスボードを試食して気に入り、第2新館で採用することにした。のちに総料理長となる村上信夫が、パリ・リッツで料理の修業中だったため、スモーガスボードの研究を指示した。

村上は北欧コペンハーゲンへ飛び、米国出張の帰りに立ち寄った徹三と合流して地場レストランを視察。村上の進言により、現地料理人とスモーガスボード・キッチンデコレーター、ウェイターの３人が招聘された。

レストラン名のいきさつには諸説ある。当初は「コペンハーゲン」を仮称としていたが、開店の数カ月前に映画『ヴァイキング』の試写会を見に行った従業員の意向が強かったというのが一説。徹三がコペンハーゲン滞在中に窓の外に「ヴァイキング」と書かれたネオンサインを見てインスピレーションを得たとする説もある。社内で新レストラン名の公募があり、映画を見た複数の従業員から「バイキング」への投票があったという話も伝わっているが、帝国ホテル社内では確認されていない。

第２新館開業と同時に「インペリアルバイキング」がスタート。料金はランチ１２００円、ディナー１５００円で、連日長蛇の列ができる人気となった。大量の料理

開業当時のインペリアルバイキング

をガツガツ食べる海賊のイメージも、大ヒットに一役買ったことは間違いないだろう。

引き継がれる「黒子」の精神

1961年10月1日、帝国ホテルは東京証券取引所市場第二部に上場した。御三家で株式を公開しているのは、帝国ホテルだけである。

これに先立つ同4月には、前出の小池が入社している。レストラン担当を志望していたが客室担当となり、「3日目には辞めようと思った」が、のちに専務となる簑島清人《みのしまきよひと》が客室見習いの先輩にいて、相談に乗ってくれたので踏みとどまれたのだという。マリリン・モンローの客室係も務めた竹谷年子についたが、「先輩方はみな厳しかった」。

当時は手取り足取り教わるでもなく、先輩の仕事を見ながら自分で学ばなければならない。「与えられた仕事ができなければ、休憩も食事もできない。でも、仕事が終わった後の先輩方の心遣いは温かかった。家庭的で、仕事帰りに飲んだり、休日に先輩の自宅へ行ってみんなでお料理したりすることもあった」。こうした家庭的な雰囲気を、後輩にも引き継いでいると小池は語る。

竹谷の口癖だった「黒子になれ。メインになってはいけない」という言葉を、小池は今も大切にしている。週５日ホテルで働く毎日は、現在も続いている。「長期休暇の予定を立てたくても、絶対に外せないお客様から予約が入るので、なかなか長期休暇がとれない」。プライベートでの海外旅行も少ない生活で、「帝国ホテルで始まり、帝国ホテルで終わるような人生だが、自分としては人間的に学ぶものがいろいろあったので満足している。
今は仕事がすごく楽しいし、嫌なことはない」。

1961年入社で現役客室アテンダントの小池氏

１９６４年東京五輪と新本館計画

１９６４年の東京五輪開催は、御三家それぞれにとってエポックメイキングな意味合いがある。ホテルオークラ、ホテルニューオータニは東京五輪の開催を視野に建設された色彩が強いが、すでに営業を続けていた帝国ホテルにとっては、幻の新館計画以来、因縁のイベントである。

東京五輪の開催が決定したのは１９５９年５月で、それ以降は日本のインフラ整備が加速した。東海道新幹線、

1964年10月の帝国ホテル。
オリンピック東京大会組織委員会が置かれた

東京モノレール、東名高速道、首都高速道などが五輪に間に合うよう建設された。ホテル建設も加速し、第一次ホテルブームとなった。

都内にオープンした主要な大型ホテルは、ホテルニュージャパン（60年3月）、銀座東急ホテル（60年5月）、パレスホテル（61年10月）、ホテルオークラ（62年5月）、東京ヒルトンホテル（63年6月）、ホテル高輪（64年2月）、羽田東急ホテル（64年8月）、東京プリンスホテル（64年9月）、ホテルニューオータニ（64年9月）となっている。

五輪期間中、帝国ホテルは各種委員会に会場を提供したほか、選手村への給食業務を手がける日本ホテル協会の拠点となった。新館料理長となっていた村上は、選手村食堂の料理長4名の一人として活躍した。

五輪後の昭和40年不況はホテル業界にそれほど大きな打撃を与えなかったが、都内に林立する新ホテルとの競争で、本館であるライト館の老化が深刻なアキレス腱となりつつあった。五輪に先立つ１９６３年１月の取締役会議で、帝国ホテルは建築家の高橋貞太郎に「新ホテル」計画の一助とするための調査を依頼。大阪万博の開催が決まると、１９６６年10月の取締役会で、ライト館の取り壊しと新本館の建設が決定した。

開催期間が２週間程度の五輪に比べ、万博は６カ月と長期間で、ホテル業界への恩恵もより大きくなる。さらに、来《きた》るべきジャンボジェットによる大量輸送時代に備え、客室数１０００、26階建ての超高層ビルとして構想され、67年４月には構造設計審議会の許可も得ていた。

ただ、66年に建築確認申請の出た東京海上火災保険の１２７ｍのビル建設に都が待ったをかけると帝国ホテルにも反対の声が出るようになり、万博開催前の完成を遅らせないため、地震や暴風などへの安全性も考慮して、17階建ての現在の形に計画を修正した。

さらばライト館

ライト館は建設中から、建物が不均等に沈下してしまう「不同沈下」が始まっており、軟弱な地盤に対応した浮き基礎工事も、専門家からは不完全であると指摘されていた。ゆがみや傾き、亀裂、ジョイントの切断などが年を追って拡大し、従業員はその修繕に追われた。床も平らでないので、卵がテーブルから転がり落ちる、排水勾配が逆になって雨水がたまってしまうなどの不具合に悩まされた。

１９６１年に入社した小池も「雨漏りがひどく、大理石が欠けて落ちてくることもあった」と当時を振り返る。メンテナンス作業も膨大で、「部屋の引き出しは真鍮が多く、清掃より真鍮磨きが多かった。部屋に敷かれたペルシャ絨毯はくしでとかさなければならず、廊下の両サイドのコルク磨きも大変だった」。

煉瓦とともに大量に使われた大谷石はライト館の個性を際立てたが、風化が速く、支える鉄筋も錆びてしまい、あちこちで崩落が発生していた。建築基準法上の防火区画を持たない構造だったため、旧本館のような出火が起きれば宿泊客の安全を保障することも困難な状況だった。

だが、１９６７年３月の新聞報道でライト館の取り壊し計画が明らかになると、建築家や文化人の間で反対の声が高まり、大規模な保存運動に発展した。朝日新聞に反対意見を投稿した藤島亥治郎・東京大学名誉教授を会長とする「帝国ホテルを守る会」が設立され、世界的にライト館保存運動への支援が呼びかけられた。国内外から約１０００通の保存要望書が政府関係者等に寄せられたほか、ライトの妻であるオルギヴァンナらが同年10月に来日してスピーチを行い、劔木亨弘《けんのきとしひろ》文部相や美濃部亮吉都知事と面談した。

ライト館を保存するなら移築が最善策だったが、費用が坪１００万円で完全移転には１００億円かかると見積もられると、帝国ホテルは二の足を踏んだ。オルギヴァンナ夫人の働きかけで米国内から１億ドル（３６０億円）の調達が可能との話も出たものの、万博までの完成を優先させ、67年11月15日正午にライト館客室は全面閉鎖された。

ライト館の解体作業

取り壊しは12月1日、南翼から始まった。12月28日になって、公益財団法人博物館明治村へロビー部分を移築保存することが決定した。ライト館は大正期の建築だが、特例として認められた。１９８５年にライト館は再現され、現在でも明治村の人気スポットとなっている。

大阪万博後の赤字転落

１９６８年２月25日にライト館取り壊しが完了すると、３日後の２月28日に新本館（現在の本館）の起工式が行われた。ビルの高さが17階建てに修正され、１０００室の確保は困難だったが、代案として用意していた、高さの異なる２棟を東西と南北にクロスさせるデザインで７７７室を確保した。

竣工は１９７０年３月。６日の修祓《しゅうばつ》式、７日の鍬入れ式を経て、大阪万博が開催される４日前の３月10日に開業した。外装はアルミのカーテンウォールが大部分だが、低層部は北隣の日本生命ビルとのバランスを考えて、インド砂岩の石貼りとした。高層部は「進歩」、低層部は「調和」を表し、大阪万博のテーマ「人類の進歩と調和」にも呼応している。

新館の完成を機に、第１新館は「別館」、第２新館は「東館」に呼称が改められた。地下３階、地上17階の新本館の延床面積は別館＋東館の２・７倍の約12万㎡で、ライト館の３・４倍になった。地下１階のショッピングアーケードには48の専門店が入店した。

客室は、世界の一流ホテルに見劣りしないよう、標準仕様で32・８㎡、41・７㎡、41・９㎡の３種類。ベッドサイズも大きめに設計された14階から16階の「タワー階」は特別フロアで、「インペリアルスイート」などの賓客用特別室が集められた。

日本のホテルでは初めてＶＩＰ専用の出入口が設けられ、タワー階に直通する切り替えが可能なエレベーターも併置された。

　万博効果もあり、１９７０年上半期（４～９月）の売上高は63億円と前期を大幅に上回ったが、万博が終了した下半期は反動が一気に出た。売上高は10億円減収、経常利益は半減した。客室数が５割増え、宴会場も大きく増加したにもかかわらず、上半期でも経常利益はライト館時代の最高値をやや上回る程度に終わった。

1966年から73年にかけて「シアターレストランインペリアル」で行われていたディナーショー

　建設中の69年から経費が予算を超えて膨らんでおり、同年９月の取締役会では、犬丸が当初予算の３割増の２４７億７７２９万円と報告し、会長の金井から強い異議が出ている。金井は「今後は進捗状況、所要資金の推移等、可及的速やかに且つ詳細に提案ないし報告すること」と厳しく注文した。
　金井が予算を10億円減額させたものの、完成後の減価償却費と借入金利息で年間31・５億円が営業外費用として計上されることになり、71年度は赤字転落が必至だった。70年10月の役員会で、犬丸は退任の意思表示をし、翌月、83歳で社長を退任した。

ライト館の建築費オーバーで林愛作が去るのを目撃した犬丸は、今度は自分が建築費オーバーを引き金に社長の座を降りることになった。犬丸の退任後、71年は上半期に5・8億円、下半期に2・1億円の経常赤字を計上することになる。

日本経済と同様、ホテル業界も単なる量的拡大では成長を続けられない時代に差し掛かりつつあった。

第3章　ホテルオークラ

——和製ラグジュアリーホテルの着眼と実現

美術館に隣接したホテル

地下鉄の虎ノ門駅や溜池山王駅から米国大使館に向かい、大使館の脇にある霊南坂を上っていく。「霊南坂」は米国大使館の隠語でもある。坂を上り切ったあたりで左を見ると、眼前に大きな水盤と２棟のビル、そして、日本近代を代表する建築家・建築史家である伊東忠太の設計した美術館「大倉集古館」が現れる。

帝国ホテル創業経営陣の一人である大倉喜八郎が１９１７年に日本初の私設美術館として建設したのが大倉集古館である。仏教諸国の各種仏教式彫像・画像と中国の道教式彫像、日本の蒔絵品など美術品３６９２点、書籍１万５６００冊を喜八郎が土地・建物とともに寄贈した。関東大震災で焼失したが再建され、１９９０年に東京都の歴史建造物に選定され、１９９８年に国の登録有形文化財となっている。現在の所蔵品は「普賢菩薩騎象像」「随身庭騎絵巻」「古今和歌集序」の国宝３点に加え、13件の重要文化財、44件の重要美術品などの約２５００件を保管している。

大倉集古館を運営する大倉文化財団理事長・村上勝彦氏によれば、喜八郎には「類まれなるベンチャー精神があり、非常に勘所がよかった」という。「決断の前には、非常に熟慮する。しかし、一度決定したら徹底的にやる。それゆえ『山をも崩し、海をも飲み尽くす』と評した雑誌もある。慎重さと大胆さを併せ持つ人物だった」。喜八郎は１９２８年に逝去。葬儀には弔問客１万２０００人が訪れ、中国からは弔いの旗が政治会派を問わず91本贈られた。

ホテルオークラにとって、開業時から大倉集古館が隣接していたことは、文化的な側面からグローバルなホテルとしての評価を得ることに大きく貢献した。集古館の隣に水盤を挟んでそびえ立つ２棟のビルが、〝新生・オークラ〟である。

The Okura Tokyoに受け継がれた意匠

２０１９年９月、ホテルオークラ東京本館は建て替えにより、The Okura Tokyoとして生まれ変わった。２棟のうち、オフィス部分を伴った高層棟が「オークラ　プレステージタワー」で、中層のホテル専用棟が「オークラ　ヘリテージウイング」である。メインロビーはプレステージタワーにある。ヘリテージウイングでは客室内チェックインも可能だ。２棟はロビー階と４階の通路で連結しており、それぞれのブランドコンセプトに合わせた設計が行われた。

左からヘリテージウイング、プレステージタワー。手前には水盤と大倉集古館が見える

ヘリテージウイングはロビー全体を床の間に見立て、床、壁や天井は装飾せずに三十六人家集料紙など本館の象徴的なデザインがちりばめられている。さながら美術館だ。そして、プレステージタワーには本館ロビーの一部を再現した。面積は2割ほど広くなっているが、中2階の渡り廊下「メザニン」も忠実に再現されている。

本館から受け継がれた主な意匠は以下の通り（カッコ内は設置場所）。

①オークラ・ランターン（プレステージタワー ロビー）

麻紐・金糸をはさんだアクリル樹脂のプレートが組み合わされ、自然光の昼間は金色に、夜は明かりとともに黒線のシルエットとして浮かび上がる。光源はアクリルライト、電球がＬＥＤに変更されたが、外側の五角形のアクリル板は再利用されている。

②麻の葉文様の美術組子（プレステージタワー ロビー）

天井に向かって設置。釘や接着剤を一切使わず、手作業で組み上げられている。葉脈の線が垂直の連続模様では主張が強くなるため、わざと麻の葉を90度回転させて柔らかな仕上がりにしている。自然光を調節する効果もある。

③四《し》弁花《べんか》文様（プレステージタワー ロビー）

京都の龍村美術織物に再び依頼、開業当時の図面に倣って、四弁花文様を立体的に表現した「膨らし加工」が施してある。

④大花生け鉢（プレステージタワー ロビー）

谷口吉郎が考案した大花生け鉢は「六角」の通称を持ち、オークラスクエアの水盤の六角形と呼応する。本館と同様、石草流が日中に生け替えを行い、ショー要素を高めている。

⑤世界時計（プレステージタワー ロビー）

1979年に本館に設置された六大陸各都市の時刻を表示する世界時計は、谷口吉郎が最後に手がけた作品だ。病院に向かう直前に1／10寸法の模型を持参し、そのまま帰らぬ人となった。セイコー製で、完成披露式典には吉郎の長男で建築家の吉生がセイコー社長の服部礼二郎と参列した。今回、都市名などを更新したうえで再利用されている。

⑥錦張り交ぜ（日本料理「山里」）

室町から桃山時代の重要文化財「織物縫い合わせ胴服」をヒントに、錦の小裂《こぎれ》を一枚一枚張り合わせて巨大な壁面装飾に仕上げた。金糸の撚《よ》り紐を間に埋め込んである。龍村美術織物の初代・龍村平蔵に制作を依頼したものを再利用している。

⑦三十六人家集料紙（ヘリテージウイング ロビー）

京都西本願寺に伝わる国宝である平安時代の和歌帖『三十六人家集』の料紙を手本として、和紙を顔料で彩色した色紙を破ったり重ねたり、調和よく張り合わせて図柄にした。その上から金銀の箔を砂粒大や小四角形のあられに切って載せてある。日本美術研究家の田中親美の弟子だった縣治朗《あがたじろう》が手がけたもの。本館の大宴会場「平安の間」を飾っていたオークラの代表的な意匠の一つで、ヘリテージウイングのロビーに移設された。

①

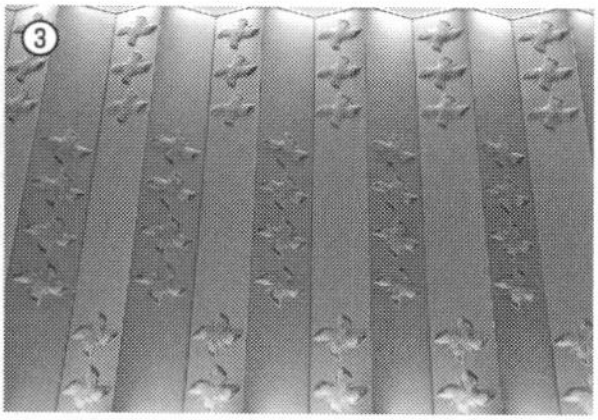
③

④

⑤

⑥

⑦

本館ロビー完全再現への高いハードル

The Okura Tokyo の総支配人に就いたのは梅原真次である。１９５９年生まれで、大学２年生からホテルオークラでウェイターのアルバイトを始め、83年に入社した。３年間は研修でベルボーイ、ウェイター、フロントのキャッシャーを経験し、そのままフロントに残った。

87年にオランダのホテルオークラアムステルダムに行き、経理や改修工事を担当した。帰国後は調査課、事業企画課などを経て、２０１０年に台湾のオークラ プレステージ台北の開業準備室長に就任する。12年８月に同ホテルがオープンすると、そのまま初代総支配人を務めた。建築・デザインを手がけた後、総支配人までこなすのは業界でも異例だ。

２０１５年からはThe Okura Tokyo の開業準備室長となり、設計から関わっている。一番ハードルが高かった点は何かと聞くと、「各省庁との折衝」と語る。「どうしてもオークラロビーを再現したかったが、消防法、建築基準法、ハートビル法をクリアするのが大変だった」

たとえば、６階（ロビーから見て中２階に位置する渡り廊下）の手すりは開業時の高さが80㎝だったが、現在は１ｍ10㎝以上なければ違法となる。が、「そのまま高くしたのでは、下からの見栄えがまったく違ったものになってしまう」。そこで、80㎝までは以前と同じ柵で、その上に30㎝、バーを付け加えたデザインにして規制をクリアした。

天井の竿縁《さおぶち》も以前とまったく変わらない印象を受けるが、スプリンクラーの位置が異なっている。当時は竿縁と竿縁の間の平らな部分に設置していたが、現行規制では縁が散水障害となってしまうため認められない。かといって縁から噴水口のヘッドが突き出していては雰囲気だけでなく印象も異なってしまう。そこで、竿縁の一部を切り込んで、そこにスプリンクラーをつけている。

メインロビーはエントランスより3段低くなっているが、この継承のためにも見えざる苦労が詰まっている。本館のロビーにはスロープ（坂道）があったが、これを再現すると、勾配を緩やかにしたうえで両脇に手すりをつけるため、ものすごく目立つものにせざるをえない。実は、本館のスロープ自体がハートビル法（94年施行）に伴って追加で設置されたもの。「ならばいっそスロープをなくして開業時に戻そうと」（梅原）

当然、代わりの昇降装置が必要となる。通常は見えないが、ロビー脇のコンシェルジュデスクの裏手に扉があり、そこを開けるとエレベーターが設置されているのだ（たった3段のためだけに！）。

「基本的には、ロビーは残すことが大前提でありました」(梅原)というオークラは、建て替えをせずに旧ロビーを残す方向も探った。だが、2006年施行の耐震法(改正耐震改修促進法)の基準を満たすためには、補強のためのブレース(筋交い)をつけなければならず、ロビーの雰囲気が維持できない。

ロビーのある棟だけを残して後方に高層ビルを建てる案もあったが、耐震補強は避けられない。高層ビルの外装にはガラスが適しており、本館のなまこ壁の印象は残せない。それでも、内部でロビーを再現したことにより、利用客からは「新しいホテルなんだけど、昔に戻ってきたという コメントが一番多い。なおかつ落ち着く、安らぐ、そういうコメントをいただいてうれしい」(梅原)。

プレステージタワーは、眺望を生かすために建物の高層部分が客室になっている。この構造は外資や最近の国内資本のホテルブランドと似通う一方、ヘリテージウイングは地上階からすべてホテル施設であるという優位を最大限に活用している。「低層階だからベランダも造れるし、窓も開けられて新鮮な空気を取り込める。眼下の庭園には鳥も飛んでくる。そういうものに価値観を見出していける」

プレステージタワーは五つ星、ヘリテージウイングは世界最高レベルの六つ星の評価を狙っている。

「ホテルオークラが今まで提供してきた日本の伝統美や建築はヘリテージウイングに寄せた。プライベートな迎賓館の要素も持たせ、にぎわいよりも静けさが売り。プレステージタワーはロビーを含めたにぎわい、と完璧にコンセプトを分けた」。２棟構成だが、オペレーションは単一で効率化を図る。以前も本館と別館のワンオペレーションだったが、「違うブランドでワンオペレーションは根本的に違うものなので、サービスの差別化などは意識している」。

ベッドの高さ、バスタブの形まで異なる客室

客室は最新仕様に様変わりした。「本館の客室は30㎡強だったが、外資系は44〜45㎡がスタンダード。８００室を安い単価で売るのではなく、世界のお客様をもてなす当初のコンセプト通りに、広い客室をある程度の単価で売っていくことが、よりオークラらしいと考えた」（梅原）。プレステージタワーの客室は50㎡弱、ヘリテージウイングは60㎡がスタンダードになっている。

それだけではない。通常、ホテルの客室はマンションと同様に長方形の短辺が窓側だが、

プレステージタワー クラブルーム ビューバス（ツイン）

The Okura Tokyoでは長辺が採光面という贅沢な造りになっている。

広くなった客室は、一見すると過去のオークラらしさとは決別したかのようにも思える。ただし、「洋のデザインに和のアクセントを加える」という開業時からの精神は受け継がれている。特徴的なのがベッドの高さ。外資系より低めにしてあり、さらにプレステージタワーとヘリテージウイングでも高低差があるという。

「旅館に行くと、畳にお布団。最近はマットレスを敷いてお年寄りが起きやすいようにしているケースもある。ホテルでも、ベッドを低くして横の線を強調するのが和であって、縦の線を強調するのが洋。ベッドだからまったく違和感はないし、言われなければ気がつかないと思う」（梅原）

バスタブも2棟で差別化してあり、プレステージタワーは洋風で浅型、ヘリテージウイングは鋳物琺瑯《いものほうろう》で深型の、肩までゆっくり浸かれるタイプになっている。ヘリテージウイングはスチームサウナもあり、タイルは床暖房で、大理石に足を踏み入れたときのひんやり感がない。

洗面所は、ヘリテージウイングは外資系のスタンダードである2ベーシン（洗面ボウルが2つ）だが、プレステージタワーは1ベーシンにして洗面台に私物を広げられるように配慮している（スイートは2ベーシン）。

ヘリテージウイング ヘリテージルーム ビューバス（バルコニー付き、ツイン）

プレステージタワーの各フロア廊下には、「匠 of Japan」として、47都道府県から集めた伝統工芸品を飾っている。4つのコーナーに2つずつ、ガラス張りのショーケースが設置されており、日本の伝統文化を発信している。

すべて直営の料飲施設は、「今までのコンセプトを変えないレストランと、思い切って変えるレストランの2つに分けた」。コンセプトを変えていないのは日本料理「山里」、鉄板焼「さざんか」、中国料理「桃花林」で、ほかは刷新を試みている。

フランス料理「ラ・ベル・エポック」は「ヌーヴェル・エポック」に生まれ変わった。梅原は「座席は60席で小ぶりだが、星が取れるようなフレンチを目指す」と意気込みを語る。

オールデイダイニング「オーキッド」は、別館にあったコーヒーショップ「カメリア」よりグレードを上げ、かつてのメインダイニング「オーキッドルーム」との中間に位置する。テラス席を備える2層吹き抜けの造りで、オープンキッチンでシェフが躍動する様子が見えるほか、デザートカウンターや2段構えで900本余り収容可能なワインセラーもある。「フレンチトーストのような名物料理は変えない」（梅原）。隣接する外販ショップでは、他社とコラボレーションしながら、いろいろな商品を販売していく。

オーキッド店内

宴会場「平安の間」も生まれ変わった。広さは1650㎡から2000㎡に広がり、ニーズや規模によって3つに仕切ることも可能。着席で900名、立食で2000名のパーティーに対応しており、隣接する「ホワイエ」「曙の間」との一体利用で最大３０００㎡まで広がる。白木の羽目板を基調として、大倉集古館の国宝「古今和歌集序（巻子《かんす》本《ぼん》）」をモチーフにした壁面装飾が屏風型に配置されている。

天井高は７・５ｍに「抑え」られている。「構造的には８・５ｍの高さまで可能なのだが、やはり和の空間で、屏風型の絵で８・５ｍはない。区切ったときにも天井が高いと、やはりバランス的に違和感がある」

平安の間

喜七郎、帝国ホテルからオークラへ

もともと本館は、大倉喜七郎の強い思いによって実現した。ホテルオークラの創業者としてこの意匠にも深く関わったのが喜七郎である。財閥解体で帝国ホテル大株主としての地位を失い、旧職の同社社長に返り咲くことはなかった。それゆえ、ホテルオークラを実現させたとの通説もある。

いずれにせよ、開業したばかりの社内では「世界一を目指せ」をスローガンとし、名実ともに日本のホテル業界の盟主である帝国ホテルと並び立つようなホテルの実現に従業員たちは情熱を燃やした――。

帝国ホテル会長を務めた大倉喜八郎が１９２８年に死去した後、大倉財閥は嫡子の喜七郎が継いだ。喜七郎は帝国ホテルの会長・社長経験者であり、ホテルオークラの創業者である。

また、ホテルニューオータニの初代会長である大谷米太郎は、ホテル事業参入を前に、旧知だった喜七郎を訪ねてアドバイスを仰ぎ、オークラから人員・ノウハウ面で多大な支援を受けている。ホテル御三家をつなぐ一人として、喜七郎の半生は和製ラグジュアリーホテルの確立に注がれた。

喜七郎は１８８２年生まれ。幼少期から慶應義塾に通い、英国ケンブリッジ大学トリニティ・カレッジに留学、ボート部に所属したほか、自動車に夢中になる。自動車は運転だけでなく、修理技術にまで精通するほどの凝りようで、１９０７年にロンドン近郊のブルックランズ・サーキットが開業した際のカーレースでイタリア製のフィアットに乗って２位に入賞し、日本人初のレーサーとなった。帰国した際には自動車５台をしたがえていた。

自動車通なだけではなく、文化・芸術面での造詣も深かった。１９２４年には、囲碁棋士を統括する日本棋院の設立を後援。１９３０年にはローマで「日本美術展覧会」を開催して、横山大観など同時代の日本画家を海外に紹介している。出品作品はすべて喜七郎が買い取り、主な作品は大倉集古館に寄贈された。喜八郎と同様、幅広い関心と徹底さを持ち合わせている一方で、外国経験の豊富さという喜八郎にない育ちの良さを兼ね備えていた。

オペラ歌手・藤原義江を支援し帝国ホテルに住まわせていたのも喜七郎で、新邦楽の一種である大和楽を創設し、尺八とフルートを合わせた新しい楽器「オークラウロ」も開発している。男爵の爵位を持ち、文字通りハイカラな風流人として、周囲から「バロン・オークラ」と呼ばれ親しまれた。

大倉喜七郎

　大倉財閥が手がけた多数の事業のなかでも、喜七郎はホテル業には格別の思い入れがあった。帝国ホテル社長を務めながら、１９３３年に上高地帝国ホテル（長野県松本市）、36年に川奈ホテル（静岡県伊東市）、37年にスキーリゾートの赤倉観光ホテル（新潟県妙高市）を開業させている。

占領政策により、各ホテルは連合国軍に接収され、大倉財閥も解体される。喜七郎は帝国ホテル社長をはじめ一切の事業から手を引いたが、ホテル事業については大きな心残りがあった。株を手放していた喜七郎が帝国ホテルに戻ることはなく、それゆえに対抗心に火が付いたと、周囲に漏らしていた様子もある。

ただ、対抗心を長期間持続させるには相当な負のエネルギーがいる。財閥を解体した連合国軍への恨みも当然あったはずだが、喜七郎を生涯最大といえる戦後の独自事業に駆り立てたのは、何よりも欧米におもねらない日本発の高級ホテルを造りたい、という一途な思いが大きかったのではないか。

大倉文化財団の村上理事長は、「外国に行った人間としての、日本の美や芸術に対する思い入れは非常に強い。外国に長くいた人は愛国者になる」と分析する。そして、こうした志を同じくする人間が、やがて喜七郎の前に現れるのである。

財閥解体「する側」の野田と「される側」の喜七郎

ホテルオークラ開業時の社長となる野田岩次郎は１８９７年、長崎市で生まれた。犬丸徹三より一回り近く年下で、同じ東京高等商業学校（現・一橋大学）を卒業後、三井物産に入社。米国経験が長く、ニューヨーク支店勤務中に米国人アリス・カリタ・コーストンと結婚している。

当時は国際結婚への風当たりが強く、それもあって三井物産から日本綿花（現・双日）に移った。営業活動で全米を旅する際は、その都市の第一流のホテルに泊まることを常とし、「出張で回る都市のなかでトップのホテルの最も安い部屋に泊まり、ロビーで商談を成立させた。スーツにもこだわる紳士だった」と、ホテルオークラ元社長の大崎磐夫は語る。

野田岩次郎

第二次世界大戦で日米が開戦すると、野田は妻子と引き離され、強制収容所送りにされて悲惨な目に遭う。そして１９４３年の第二次交換船で単独帰国し、45年の終戦を迎えた。

連合国軍の財閥解体政策のなかで、持株会社整理委員会が発足し、野田は日本政府の命を受けて委員として参加。やがて委員長となって過度経済力集中排除法の施行などにあたる。連合国軍によって公職を追放された喜七郎とは、財閥解体を「する側」と「される側」の関係が機縁となり、互いの交流が始まった。

その出会いは象徴的で、持株会社整理委員会の委員だった野田が、美術倶楽部（かどこか、と野田は社内報で振り返っている）で三味線の古曲のおさらいに行ったとき、手前の広間に上品に正座していたのが喜七郎だった。

「あの人は誰かね」と野田が聞くと、「何を言っているの。大倉さんじゃありませんか」と従業員から教えられた。こんな場で身分を名乗るのも野暮だと考えた野田は、「今日はご苦労様でございます」とだけあいさつすると、喜七郎はただ無言で頭をこっくりと傾けた。

その後、１９５１年に持株会社整理委員会が解散すると、野田は各企業から請われて役員や相談役に就任した。三井船舶、日清製粉、野村證券など十数社に及んだが、その一つに川奈ホテルがあった。

財閥解体の一環として一般に売られようとしていたが、世界的にも風格のある川奈ホテルのゴルフコースを維持していけるのは開発者の喜七郎しかいないと野田は考えた。そして連合国軍を説得し、一般競売の対象外とすることを認めさせた経緯があり、後に喜七郎から請われて相談役に就任していたのだ。

喜七郎は終戦直後から、帝国ホテルを凌駕するような国際的ホテルの建設を構想していた。野田にも相談して、まずは外資の導入を画策する。ただ、野田の返事は芳しくないものだった。当時の日本の外為法では外資導入は難しかったからだ。そこで喜七郎は旧財閥系の企業を訪ね歩き、自らの理想を語って賛同者を募った。喜七郎のホテル構想への賛同者は多く、国内資本だけで12・5億円を集めることに成功する。

結局、大倉系企業で全株式の3分の1以上（株主総会で特別決議を阻止する拒否権を発動できる）を確保するために、2・5億円は辞退したうえで、1958年12月11日に、資本金10億円で大成観光株式会社（現・ホテルオークラ）を設立した。「大成」の由来は父・喜八郎の戒名「大成院殿礼本超邁鶴翁大居士」である。ちなみにこれは大成建設の社名の由来でもある。

初代社長には元運輸省事務次官の秋山龍《とおる》が就いた。が、兼務していた日本空港ビルデングの社長に専念するため59年4月に退任することが決まってしまう。困った喜七郎が日本興業銀行（現・みずほ銀行）頭取の中山素平に新たな適任者を相談すると、彼から推薦されたのが野田だった。喜七郎は「灯台下暗しだったね」と述懐した。

商社マン出身の野田は、ホテル経営に関してはズブの素人だと自認していたので、喜七郎にいくつかの条件を提示し、認められるならば就任することにした。要約すると、人事案を白紙に戻し自分に一任すること、そして、終生の仕事として取り組むために株式を取得することである。

喜七郎がこの条件を快く受け入れたため、野田の社長就任が決まった。野田は他企業の役員や顧問のほとんどを辞任して、「ホテルの先行きはまだ海のものとも山のものともわかりかねる」と、6カ月間は無給で、車も自家用車を使用することにした。

貿易でグローバルビジネスに強い人間をホテル経営のトップに据える。門外漢に転身させる以上は、権限を委譲して思い切った経営をさせてみる。帝国ホテルにおける父・喜八郎や初代会長の渋沢栄一と林愛作の関係を彷彿とさせる展開である。

世界に通用する、日本らしいホテルの構想

喜七郎と野田は夜を徹して語り合い、互いの理念をすり合わせた。

「現在、日本にあるホテルは欧米の模倣が多く、日本の特色を出していない」と感じてい

た野田が、「世界に通用するホテルであるとともに、日本の風土、伝統、文化、つまり日本的カラーを打ち出したホテルにして、世界の人々を受け入れるべきである」と喜七郎に伝えたところ、意見が完全に一致した。財閥解体を主導し、各業界の役員を歴任して企業の栄枯盛衰を間近に見てきた経験から、企業に最も大切なのは資本でもトップでもなく、まずは経営理念であると痛感していたのだろう。

野田はホテル経営こそ未経験だったが、国際的な商社マン出身である。世界各国の第一級ホテルを何度も利用してきたし、戦後は多数の企業の経営内容も見ている。素人だからこそ、旧態依然としたホテルの因習にとらわれることなく、思い切って近代的な経営を実践すればよいと考えた。

大成観光は経営理念として5つの柱を構築した。

①ホテルは公共的な経営体であり、いかなる人に対しても公平で、同族経営を排し政治、宗教に関与しない

②利用客誘致に積極的に取り組み、近代的マーケティングに基づくセールスマンシップを発揮する

③ユニークな優秀品となるために「親切」をモットーとする

④生産性向上のためにヒューマン・リレーションを大切にし、「和」と「親切」をモットーとする

⑤従来の日本のホテルマンにありがちだったように少数の不満の声を聞き流さず、一人の声も取り上げて、経営の向上に努める

(『ホテルオークラ二十年史』１９８２年より抜粋)

そして、現在まで続くホテルオークラの基本精神である「Best A.C.S.」の提供を掲げた。これはAccommodation(施設)、Cuisine(料理)、Service(サービス)の頭文字で、宿泊施設や設備の提供、料理や飲料などの提供、従業員による人的サービスやその他の諸サービスの提供のすべてにわたって第一級でなければ、世界に冠たるホテルにはなりえない、という至上命令であり、強い決意表明であった。「社員全員がわかりやすいスローガンをつくる名人であった」(大崎)

5階がメイン入口の〝トリック〟

喜七郎はホテルの建設用地として、大倉邸跡地を選んだ。敷地は起伏が激しく、江戸を見下ろせる江戸見坂、品川が見渡せる汐見坂、高僧嶺南が庵を結んでいた霊南坂の3坂に囲まれた傾斜地だった。

坂に囲まれたホテルオークラの敷地

最寄り駅からホテルのメイン入口や大倉集古館を目指すと、急な坂道を上り切らなければならない。それだけ見晴らしの良い景色が広がっていたわけだが、ホテル建築のためにはハードルがあった。大倉邸の周辺一帯が東京都から緑地指定を受けており、建築許可を得ることが困難だったのだ。樹木の一本一本に至るまで都の台帳に登録されていたため、許可なしには一本たりとも切ることは許されなかった。

秋山社長時代に緑地指定の全面解除で折衝を重ねたが、進展は見られなかった。そこで野田は戦略を変更し、緑地指定のままで建築許可を得る道を探ることにした。

幸い、日本の高度経済成長が追い風に働いた。国際化への対応が叫ばれていたことや、東京五輪を控えて外国人用の宿泊施設を拡充することが国策となっていたからだ。マンションやオフィスビルではダメだったが、ホテルということで許可が下りた。敷地面積約７９００坪（約２万６０００㎡）のうち４８００坪が大倉集古館で、そのうちの４２００坪と旧大倉邸３０００坪を合わせた７２００坪を、喜七郎から大成観光が銀行評価の１割増しで59年９月に買い取った。

ただ、建築許可条件の中には「正面玄関（道路）から高さ20ｍ以内の建物」にしなければならない、というものがあり、大規模建築の障害となった。これに知恵を絞ったのが、大倉土木から１９４６年に社名変更した大成建設の、後に社長となる本間嘉平である。

本間は丘陵上の最も高い位置、大倉集古館のある霊南坂上を正面玄関として、そこから20ｍ、６階建てとする案を出した。最も低い汐見坂下、江戸見坂下には地下部分として４階分が確保できる。このため正面玄関から見ると６階建て、裏から見ると10階建ての外観となり、５階にメインロビーがある独特の造りとなった。都の許可が無事に下り、開業後はデザイン的にも成功した。だからこそ、２０１９年９月開業の新ホテル、The Okura Tokyo のメインロビーでも、このデザインは踏襲されたのだ。

並行して、施設内部の設計も進められた。秋山社長時代の１９５９年２月には、谷口吉郎・東京工大教授らからなる設計委員会が立ち上がり、内装やデザインを含む建築設計に乗り出した。メンバーは委員長の谷口のほか、小坂秀雄・郵政省建築部長、清水一・大成建設設計部長、岩間旭・三菱地所建築部長、伊藤喜三郎・伊藤建築研究所所長の計5名だった。

当初計画では部屋数４００で、国際会議場、宴会場、プールなどを備え予算40億円で見積もられていた。野田の社長就任後、谷口委員長から「委員会は白紙に戻し、設計者は新社長のお考えでお決めいただきたい」との申し入れがあった。

野田は委員5人の継続を依頼する一方、「この規模と予算では平凡なものしかできない」と考え、計画の変更を希望した。そして喜七郎に、①ホテルを造るからには超一流のものとし、日本の高尚な文様と雰囲気を最高度に取り入れる、②部屋数は５００以上の大型ホテルにする、の2点を提案した。喜七郎は即座に「大賛成ですよ」と賛同した。

喜七郎は付け加えて、「日本的芸術で一番良いのは、やはり藤原時代だと思う。装飾はいまさら（尾形）光琳でもないから、むしろ（本阿弥）光悦、（俵屋）宗達の線でいったほうがいいね」と注文した。

野田も派手な桃山風を避けるべきだとは感じていたので、「ケバケバしいのを好きな米国でさえこのごろは侘び・寂びという日本語が大々的に流行しているくらいですから、その線で参りましょう」と賛成した。

設計委員会でも「日本の歴史のなかに現代のジャーナリズムの忘れている日本的な華麗さ、優美さを、どのように再現するか」として、具現化を追求することにした。5人の委員は多忙を極める権威で、スケジュール調整もことのほか難儀だったが、基本設計までに36回の議論を重ねた。

「オークラ」がカタカナになった理由

喜七郎、野田と委員5人で、藤原時代の代表的な建築様式である京都御所を視察したこともあった。即位の礼でも使用される紫《し》宸殿《しんでん》が当時ちょうど修理中で足場がかかっていたため、許可を得て全員が屋根に上がって調査した。

会議は中座する者が出て結論が先送りになることもあり、案がまとまっても肝心の喜七郎が承認しないこともあった。新ホテルにかける喜七郎の情熱は並々ならぬものがあり、自分なりのイメージを膨らませ、具体的な注文や意見を出したからである。

それでも委員長の谷口が「光悦、宗達のそのままの写しは、かえってこれを死なすことになります。むしろ、その精神を採って工夫をしましょう」と言ってなだめ、59年7月に基本設計要項がまとまった。後日、谷口は野田に「あれは大倉さんだったからできたんですよ」と振り返った。

新ホテルの名称は社員一同が案を出し合った。外国人客を意識して「オリンピアード」「プリンセス」「バロン」「ローヤル」「エンプレス」などが候補に挙がったが、賛否両論あってなかなか一つに絞り切れない。数日熟慮した野田は、59年7月27日の役員会でそれまで出ていた案とはまったく異なる提案をする。

「このホテルは既存のホテルのように西洋の模倣ではなく、純然たる日本の雰囲気を表現するものである。したがって、名称も日本名であるべきだ。それには、この新ホテル建設に終生の情熱を傾けた大倉喜七郎の名前をとり、これを、現代的ホテルの雰囲気にマッチするようにし、また大倉一族の私物ではないことを重視して、日本語表現も片仮名にアレンジして、『ホテルオークラ』と命名すべきである」

役員会は満場一致でこれを決定、席上の喜七郎は喜びの表情に満ちあふれていた。

野田は59年に、欧米のホテルを半年間視察した。チェックインするとすぐに巻き尺を手に部屋や廊下の寸法を測り、天井裏をのぞき込み、暖房パイプの配管や水道や湯の水圧ま

空から見たオークラの三ツ矢式建築

で調べ、オークラの設計にフィードバックした。

基本設計が終わると委員会は解散し、ロビーは谷口、宴会場「平安の間」と外装などの立面意匠は小坂という具合に、個別に設計することにした。そのなかで客室の設計は新たに米国人建築家ウィリアム・シュラーガーを顧問として招聘し委嘱した。メイン利用者である欧米人にとって快適な設計でなければ、宿泊客の誘致に悪影響があると判断したからである。

１９６０年に入り、旧大倉邸の解体と樹木の伐採が始まり、６月27日に起工式が行われた。

正面玄関が5階であることと並んでホテルオークラを特徴づけたのが、東翼、南翼、北翼の三ツ矢式建築だ。どの部屋からも外の景色を眺めることができるのと同時に、エレベーターなど機能上のセンターを建物の中央に置くことで効率的な運営が可能になった。日本のホテルで初の三ツ矢式建築は、のちにニューオータニでも採用されることになる。

　また、外観にもさまざまな案が出た。当初は縦の線を強調するものだったが、他の近代建築物と差別化できないことから、小坂が城郭のような横の線を強調した建築様式を提案した。各階に庇《ひさし》が突き出し、表面をなまこ壁で仕上げる案が採用された。

　といっても本来のなまこ壁は平瓦を横方向に張り詰めて、目地を白漆喰で盛り上げるものだが、多大な職人の手間が必要なうえ高層建築での強度の問題もあった。そこで試行錯誤を重ねた末、特注の平瓦をコンクリートの壁に張り詰めて、なまこ型の磁製タイルを張り付けた。

なまこ壁風のタイルが特徴的な本館の外観

　完成した本館は地下6階、地上6階、塔屋4階で客室４９２、大宴会場「平安の間」が５００坪、中小宴会場が22室。敷地面積２万４３３５㎡、建築面積５万９０７５㎡であった。

こだわり抜かれた意匠

　内装の細部デザインや意匠については、日本的建築美の創造と、国際ホテルの機能性とのバランスを図るため、61年1月に意匠委員会を設けた。委員は喜七郎の妻・久美子の弟である溝口三郎・文化財専門審議委員や、画家の繁岡鑒一、彫刻家の広井力、石草流家元の岩田清道、日本画家の縣治朗。さらに、陶芸家の富本憲吉、岩田ガラス社長の岩田藤七、画家の榎本千花俊と松本陽子などに協力を仰いだ。

文様は20種類に及んだが、中心となったのは銀杏紋と菱文様である。大倉集古館の2階から敷地内の大銀杏を眺めていた野田が発案した銀杏紋は現在、ホテルオークラの社章やオークラのシンボルマークにも使われている。施設内での主な使用例を挙げると、

・テーブルクロスの三つ銀杏葉
・1階宴会場「銀杏の間」の焼印文様
・客室のカーテンの織り出し文様
・10階に設けられた、格式の高いテーブルサービスを提供する3宴会場の一つ「暁の間」の銀杏葉文様透かしの脇障子
・インペリアルスイートの金浮き文様の食器
・メインダイニングのロココ風見せ皿、金浮き文様の食器

・銀器各種
・ハイボール用のマドラー
・コーヒーショップ「カメリア・コーナー」の浮き紋白磁食器
・中国料理「桃花林」の小宴会場の回転卓の縁回り
・日本料理「山里」の銀杏葉蒔絵椀
・コンチネンタルルームの食器

などである。

また、菱文様は斜方形の文様で、植物のひしの葉や実の形をしている。6世紀ごろの古墳時代からあり、独特の数多くの変化文様が生まれてきた。大倉家の家紋（五階菱）でもあり、正面玄関の外壁のほか随所にあしらわれている。喜七郎の希望で、エレベーターの扉にも金と黒のコントラストの強い菱くずし文様が使われている。

機能面では当時、日本のホテルのほとんどが採用していた米国式ではなく、欧州式で特徴を出すことにした。その差が顕著なのがロビーとフロントの設計で、米国式では正面玄関を入るとまぶしいフロントカウンターが幅を利かせていて落ち着かないうえ、混雑しや

メザニンからメインロビーを見下ろす（写真は現在のもの）

すかった。野田はロンドンの最高級ホテルであるクラリッジズを念頭に、フロントカウンターとエレベーターを側面の奥に配置し、照明も暗めにした。

メインロビーはあえて無料の開放スペースに

メインロビーはエントランスロビーの奥に一段低く造り、静けさを一層引き立てた。他のホテルならば喫茶・飲食スペースにして収益を向上させたがるところだが、無料の開放スペースとした。

さらに喜七郎と野田の肝いりで、ロビーの上に「夢の架け橋」をかけることになり、設計担当の谷口を困惑させた。結果として6階部分をメインロビーの中2階（メザニン）として、渡り廊下が造られた。野田は「これは大倉さんの胸に描かれていたものとはおよそ程遠いものであったろうが、できあがってみて別に文句もなかったところを見るとお気に召したものと思う」と述懐している。

ロビーは「美術館ホテル」ともいうべき、ホテルオークラの意匠の宝庫である。正面には巨大な生け花と天井から吊り下がるランターンがあり、メインロビーの壁面は四弁花文様、多胡石、障子に映る竹の葉で構成された。テーブル一つにつき椅子は5つで、満開の梅の花をイメージした。通称「オークラ・ランターン」は古墳時代の飾り玉に見られる切子玉型の照明を、五角形の板を10枚つなぎ合わせて成形し、5連をひとつながりとしている。

メインロビーの四弁花文織成壁

　色絵磁器の第一人者で人間国宝の富本憲吉がデザインした四弁花を、屏風を模した壁面にあしらい、ロビーとメインダイニングの間に設置した。当時、病床にあった富本に無理を言って実現したもので、制作は京都の龍村美術織物に依頼した。

　精巧な作業で完成が大幅に遅れ、開業に間に合わない恐れが出てきたため、京都府知事の蜷川虎三に陳情して、特例として深夜作業を認めてもらった。大成観光から担当者を駐在させ、織物の一片ができるごとに特別列車や航空便で運んで作業し、完成したのは開業レセプション当日の朝5時だった。富本は間もなく逝去し、おそらく最後の作品となった。

ロビー周辺の壁には多胡石が採用された。群馬県多胡郡産の水性砂岩を刺身状に薄く切って貼り並べてある。当時、東宮御所の設計もしていた谷口のアイデアで、御所の内装にも多胡石が使われている。梅の花に見立てたロビーのテーブルのセットのために、椅子は花弁をイメージしたデザインにし、テーブルは輪島の本漆を何十回もかけて仕上げてある。

ランターンの下には大型の花生けが置かれ、石草流の岩田清道の大生け花で常に飾られていた。あえて日中に花を生ける作業が行われ、それ自体がショー的な効果を出すように考えられている。また、障子に映る竹の葉の揺れる姿も、岩田の発案・実施によるものである。「山里」の階段の下にある石庭の大石は群馬県内の川で採取した三波石で、岩田と溝口が選んだものだ。

トイレットペーパーまで特注

レストランは7つ、バーは4つで、すべて直営。メインダイニングルームの「オーキッドルーム」はメインロビーと同系統のデザインにした。メザニンの突き当たりには中国料理「桃花林」を配置。野田が米国で見た映画をヒントに、懇意だった小坂善太郎外務大臣を介して外務省の中国の専門家に命名してもらった。額の文字は小坂外相のものである。日本のホテルでは初めて最上階（10階）にもレストラン・バーを設けた。バーラウンジの「スターライト」である。

正面玄関を5階にしたことで、本来はメインエントランスとなったはずの汐見坂側の1階入口は宴会場玄関となった。さらに1〜2階は宴会、会議、結婚式に関する施設を充てて、客室ほかの施設とは区別して設計され、機能性が高まった。ただし、「地下駐車場は追加工事で設置されたため、ホテルに入る道がなく、地上へ出てからアーケードへ入る動線にせざるをえなかった」（大崎）。

宴会場ホールは2階まで吹き抜けにして、柱も壁も朴《ほお》の素木《そぼく》で構成した。伊勢神宮や出雲大社のようなシンプルで荘厳な建築様式に、簡素で粋な数寄屋風を加味したようなイメージである。

大宴会場「平安の間」は、その前室と隣の「千歳の間」との一体利用で１７３０㎡となり、２５００人の大会議、３０００人のブッフェ、着席宴会でも１５００人を収容することができた。国際会議に対応し、7カ国語同時通訳設備を配置した。壁面上部には、喜七

当時の客室

郎の強い希望で平安時代の国宝『三十六人家集』を手本にした大壁画が継ぎ色紙で描かれていた。

シュラーガーのデザインによる客室は、一面を飾り壁として、金または銀色のチラシ模様にした。コスト面への配慮から、各室に高級な絵が必要な額縁を飾らないで済むデザインにしたのだ。絵を飾らないのは、喜七郎のポリシーでもあった。一方、廊下は単調になるのを避けるため、ドアを一歩奥まったところに配置した。

バスルームの床は敷居や段差をなくし、部屋のカーペットと同じレベルにした。湯水が流れ出ないように、浴室中央に向けて緩やかなスロープ形状にした。ツインルーム以上の部屋にはシャワーカーテンの代わりに衝立を取り付けた。バスルームの壁にはつかまり棒も設置し、電話もあった。テレビの設置はツインルーム以上として２５０台を削り、差し引き５００万円程度の節約となった。

トイレットペーパーは特製にした。当初考えた米国クリネックス製では排水パイプに詰まる危険があるとわかったためで、ロール式でなくハンカチ式に置くことで1回の使用量を節約させる工夫もした。

7階南翼はすべて、畳張りの和室にした。外国人客のために、枕が布団からずれ落ちないように「枕止め」が備え付けられ、トイレは洋式と和式両方の便器を設置した。旅館では縁側部分が一段低くなっているが、バスルームと同様、事故防止のため高低差をつけない設計とした。メインロビーの屋上部と集古館側の屋上には日本庭園が造られ、茶室も設けられた。

「日本の伝統美術の枠を、現代の国際ホテルの意匠として再現する」という基本的なデザイン・ポリシーは、予算の制約のなかでもいかんなく発揮され、ホテルでありながら日本美術のような施設が完成した。

谷口は、「このホテルは大倉喜七郎さんの指揮によって、私たち数人の建築家が集まって設計したもの」「(喜七郎の)ホテル建設に対する情熱、建築意匠に対する愛好心というか、そんな情熱的な気力が私たち建築家や技術者を惹きつけ、引き締めて、この工事を完成にまで推し進めたのだ」と語っている。

両陛下のお出ましを受けた初の民間ホテル

野田は辛抱強い性格だった。元社長の大崎磐夫曰く、若手の進言を否定することはなく、まず「そうか、そういうことを考えたか。ちょっと数日考えてみるから」と返す。「明らかにダメだとわかっていてもそうする。部下を使うのがうまかった」。社長室のドアはいつも開いていた。「米国や民主主義のいいところ、それと日本の魂の両方を持っている人だった」と大崎は振り返る。

ホテルオークラは、前近代的なホテル業から脱皮して、近代的な経営をする前提で人材採用を行った。ホテル業界の経験者にこだわらず、広く若手を集めたのである。60年から大卒の定期採用を始め、61年には高卒やホテル学校の卒業生を大量採用した。

一気に１８０名を採用するため、全国の高校に入社案内を送付し、約90校を訪問して説明会を開いた。応募者は５００名にのぼり、無事に採用計画を達成できた。幹部候補要員は積極的に海外に派遣し、現地を視察させた。新卒の従業員は川奈ホテルなどで約1年間の実習を受けさせた。

「セールスマンシップを最高度に発揮する」という方針に沿って、販促活動も精力的に行った。喜七郎は「いいホテルを造れば、お客は自然に集まってくる」との考え方だったが、野田は「座して待つのではなく、世界中に営業の網を広げて、お客をつかまえるべきである」と説得した。北米の宣伝・予約代行業者と代理店契約を締結し、海外でのマーケティング活動を積極的に行った。

当初45億円だった開業資金は、従業員の教育訓練費などがかさんで70億円近い投資になっていた。大成観光のメインバンクである三菱銀行（現・三菱ＵＦＪ銀行）、富士銀行（現・みずほ銀行）だけに頼れず、日本開発銀行にも長期資金を融資してもらうことにした。日本興業銀行の中山素平頭取にも同行からの融資と各行の協調融資のあっせんを依頼し、最終的に開銀は1事業所への融資額の上限まで融資することを決定した。

野田は、返済計画を左右する減価償却の会計処理について、毎年の金額が一定の「定額法」をとらず、初年度は償却額が大きいが後年の負担は軽くなる「定率法」を選択した。収益の少ない開業当初に採算を圧迫する定率法は多くのホテルが避けるものだったが、野田はその負担を乗り切る意気込みで一致団結した企業経営を行うと同時に、今後の旅行需要の拡大で必ずカバーできるという先見の明があった。

開業式は１９６２年5月14日に行われ、20日に営業が開始された。初日は食堂、宴会は予想以上ににぎわったが、客室は50室しか売れなかった。それでも日を追うごとに宿泊客

開業当時の外観

は増えていった。8月1日に日本庭園とプールが完成し、9月25日には北翼宴会場入口とランプウエー（車両用スロープ）が完成し、宴会の運営も円滑にできるようになった。

オークラは64年6月に、当時世界各地に29のホテルを持つ米インターコンチネンタルホテルと客室予約で業務提携し、送客を受けた。65年には世界１５０の一流ホテルが加盟するＨＲＩグループに加入した。

固定客の確保のため、開業から数日後には、日本のホテル業界で初めて常連客のクラブを組織した。国内客がメンバーの「オークラクラブ」であり、71年には外国人客がメンバーの「インターナショナルクラブ」（オークラクラブ・インターナショナル）も発足した。インターナショナルクラブには歴代の米国大統領も加入し、初期のマーケティング手法の柱になった。

１９６２年10月13日、オークラは天皇・皇后両陛下の行幸啓《ぎょうこうけい》を受ける。国賓として来日したマテオス・メキシコ大統領の招きによるものだが、開業5カ月足らずの民間ホテルへのお出ましは歴史上初の出来事である。

1964年、東京五輪より重要だったIMF総会

順調なスタートを切ったホテルオークラだが、東京大学医学部附属病院に入退院を繰り返していた喜七郎には死期が近づいていた。野田が見舞いに行くと、喜七郎はベッドに正座して歓談したが、63年2月1日、虫の知らせを感じた野田が番町にある大倉邸の執事に病状を尋ねると「よくない」と聞かされる。「お見舞いしたいが、いつごろ行ったらいいだろうか」と聞くと、「別に時間を定めないでおいでになって、診療の合間を見てお会いになるほうがよいでしょう」と言われる。

翌2月2日、喜七郎の秘書に行く旨を連絡して、午後2時ごろに出かけようとすると、秘書が「今は都合が悪いから、ちょっと待ってください。あとで時間を申し上げます」と言うので待っていたら、夕刻まで連絡が来なかった。

その晩、病状が急変して喜七郎は帰らぬ人となった。誰にも言わずに会いに行っていたら、最期の声でも聞けたのに、と後々まで野田は悔やんだ。

ホテルオークラの社内報第３号（１９６５年２月20日発行）で、野田は「大倉さんとの直接の関係は以上書き綴ったように16年ぐらいのものではあるが、その間一度も叱られたこともなければ、いやな顔をされたこともない。ただただ愉快な想い出しかないのである」と回想している。

翌１９６４年は東京五輪の年だったが、オークラにとってはそれよりもターニングポイントとなるイベントがあった。ＩＭＦ（国際通貨基金）総会である。高度経済成長を遂げた日本が、為替取引が自由に行えるＩＭＦ８条国に移行したのが同年４月１日で、これを記念して９月７日から５日間の総会を日本で開催することになったのだ。

事前に来日した調査チームが東京の各ホテルを観察調査し、オークラに白羽の矢を立てた。ＩＭＦのほか世界銀行、国際金融公社などが含まれ、加盟１０３カ国の代表団約２０００名に、報道関係者を加えた２５００名が参加するものだ。受け入れ先はオークラと帝国、ヒルトン、ニュージャパン、パレスの５ホテルに決まった。オークラは客室１０７室を事務室に転用したほか、２階の長期レジデンシャル・スイートと９階客室を除く３０７室に約４５０名が宿泊した。

平安の間では本格的な同時通訳装置が使用された。大倉系の日本無線が開発した無線コントロールシステムを初めて実用化した。ＩＭＦ側は前例がないとしたために有線と併用になったものの、以後「オークラ式」として国際会議でも使用されるようになる。会議のテレビ中継もその先駆けとなった。会議の成功で世界にホテルオークラが宣伝され、従業員の自信にもつながった。

1964年、IMF総会の舞台となった平安の間

当時の宿泊料金はシングル２９００～４１００円、ツイン４６００～６２００円、特別室１万５０００～２万円、貴賓室５万７０００円、和室８０００～２万４０００円だった。開業初年度は客室稼働率が５割を切って純損失を計上したが、63年上期には客室稼働率が57・7％まで上昇し、２２６０万円の純利益が出た。累積欠損金も同下期には解消し、64年から配当を開始できた。「開業５～６年は赤字が当たり前」というホテル業界の常識を覆した。

オークラの味を作った小野正吉

ホテルオークラの料理を語る際に忘れてはいけないのが、小野正吉である。総料理長となり、後に専務まで務めただけでなく、街場のレストランから一般家庭まで、日本へのフランス料理の普及に努めた。１９９７年に79歳で逝去したが、死後20年以上たつ現在でも、「小野のフレンチ」はオークラの味の根幹をなす要素の一つである。

帝国ホテルの村上信夫とは、ホテル料理界の両巨匠として並び称されるが、２人の性格は陰と陽、静と動というほど両極端だった。ＮＨＫ「きょうの料理」にも２人は出演しており、知名度も高かったが、小太りで何につけ親切な指導の村上と対照的に、精悍な小野はアシスタントの手際にも時にはダメ出しをしてしまう。日本で手に入りにくい食材がない場合どうすればいいかと質問されても、「じゃあ、作れませんね」と突き放すようなキャラクターだった。ただ、意外にもお茶の間の人気は低くはなかった。

温和を絵にかいたような村上と違い、小野は寡黙でぶっきらぼう。必要以上のことを話さないというより、必要なこともあまり話さない。部下たちには「おい、あれ」で指示することが多かった。

現在の総料理長である池田順之《よしゆき》が入社したころはすでに雲の上の存在で、ほとんど話したことはなかったという。『おい、そこ、掃除しとけ』が第一声。名前すら呼ばれたことはない。5〜10年たっても話などしない。唯一話をしたのは自分の披露宴に小野ムッシュを招待したときで、『出れねえから、ほれ、おめでとう』とご祝儀をくれた」

小野は1918年生まれ。1936年に東京ニューグランドへ入社する。東京ニューグランドは横浜のホテルニューグランドの支店レストランだ。当時、20歳前後の同年輩10人ぐらいが横一線でひしめき合っていた。ここで小野は、後にホテルニューグランドの第2代総料理長となる入江茂忠と出会う。

小野正吉

終戦後、一命をとりとめたラバウルから帰国した小野は、駐留軍関係の職場で働いて衛生概念などを学んだ。そして入江の尽力で、銀座のブリヂストンアラスカやホテルオークラに入社することになる。

ホテルオークラから最初に声がかかったのは入江だったが、「わたしはもうホテルニューグランドの料理長をしているのでいい」と断り、

「小野君は今、ブリヂストンアラスカで経営に参加しているけれども、彼の腕を十分に発揮させるためにはもう一度料理長でやらせたほうがいい」と小野を推薦した。

ホテルのシェフは小野にとって一生の夢だった。オークラへの入社にあたっては野田からじきじきのテストがあった。野田邸でブイヤベースとローストビーフを調理し、野田が試食する。結果は合格。「画期的な採用方法であり、料理人にとってこれほどありがたいことはない」と小野は述懐している。

小野正吉の料理

ムッシュの料理を守り続ける

入社後すぐ、小野は海外研修に出る。サンフランシスコのマーク・ホプキンスやシカゴのザ・ドレイク、パリのプラザ・アテネやジョルジュサンクなどのホテルで約10カ月修業を積んで帰国した。そして1962年、ホテルオークラのオープン時に調理部次長に就任する。当時の調理部長は長峯六郎だが、小野は部長と同等の権限を持つデピュティ・シェフで、翌年には45歳で調理部長になる。コックコートで専務取締役となり、経営の中枢にも参画している。

小野はニューグランドに入社する前後にはエスコフィエ料理を意識し始めていた。エスコフィエの著書『料理の手引き』のフランス語原書を早くから読んでいた。日ごろから「語学は20歳以前から始めないとダメ。年を取ってくると忘れやすくなるし覚えも悪い。また、自分で稼いだカネで月謝を払って勉強しないと身につかない」と経験談を語っていた。自らはフランス語学校のアテネ・フランセで早くからフランス語を学んでおり、基本をある程度身につけてから片岡受安塾で料理人専門のフランス語を勉強した。

「昔の見習いの労働時間の長さは大変なものだった。今の3倍は働いたもの。それでいて見習いにカネはくれないんだよ」と言う小野は、「17〜18歳になればそのころは一人前、見習いではなくなる。夜になってみんなが遊びに出かけた後、静かになった調理場で、俺はコツコツ勉強したわけ」と語っていた。

小野が調理場に入ってくると、空気がピンと張り詰めた。「メインキッチンを通って自分の部屋へ行くのだが、それまで和やかな雰囲気が、シーンとなった」(池田)。全員が直

現・総料理長の池田氏

立不動になって「おはようございます」とあいさつすると、「うん」「おお」と小野が返事をする。「怖い人だという印象しかなかった」（池田）

没後20年以上が経過し、オークラ社内でも小野の名前すら知らないような世代が増えている。だから新入社員向けの講話などでは、池田は必ず小野の名前を出すという。「フランス料理の基本であるコンソメスープや、ソースのベースとなるフォン・ド・ボー（仔牛のだし汁）、フュメ・ド・ポワソン（魚のだし汁）を、小野ムッシュはきっちりと確立していた。それは変えるつもりはないし、変えてはいけないと思っている」

気性の激しい小野と衝突したためか、有能な部下たちは何人も別のホテルやレストランに出ていったが、単に喧嘩別れしたのではなく、「コックの底辺を広げようと思って外へ行かせたんだと思う。せっかくの腕を持っているなら、新しくできたホテルで総料理長になって、フレンチを広めさせて、認めてもらおうとしたのだろう」と池田は話す。

小野ムッシュの味を守り続ける総料理長の池田は、宴会担当からフランス料理「ラ・ベル・エポック」の料理長に移り、再び宴会に戻ってきた際に料理の味が変わっていたことに気づき、元に戻した。食材の合理化が原因だった。その際に、「物を変えるには、てっぺんを取らなきゃ変えられない」と痛感したという。「ホテルオークラ基準のレベルは最低限維持しないといけない。総料理長になって、働き方も変えたし、宴会料理も変えた。今は自信を持って、当時のラ・ベル・エポックの料理よりおいしい宴会料理はいっぱいありますよと言える」

小野のこだわりは料理の盛り付け方にもあり、「皿に余分なものは載せないとか、皿の縁からはみ出ないとか、（飾りなど）食べられないものは載せないとか。それは頑なに守っている」。ただ、最近は個別メニューとしてSNS映えを重視したオーダーも増えており、単にシンプル・イズ・ザ・ベストとはいかないようだ。

当時の日本最高額で最大のインペリアルスイート

早期黒字化を達成したホテルオークラは、開業後の年数比較では御三家のなかで最も早く、新館建設に着手する。1968年4月に隣接する1692坪の土地を鹿島建設から取得したことを契機に、事業部内に新館建設準備室を設置する。同年９月に３６８坪、70年に３２４坪、そして71年４月に１０３５坪を取得した。地価は年々ハネ上がったが、計３４１９坪を総額40億円で取得できた。

69年10月から71年にかけて３タイプの新館建設設計図が描かれた。なかには高さ75mの高層タワーで、本館のデザインとまったく異なるものもあった。だが、初期段階で「本館のエクステンション（延長）＝別館であって、新館ではない」との性格付けが行われた。

外観を含めたイメージを統一し調和させるために、谷口吉郎ほか本館設計者が別館の主体設計者に選ばれ、８分科会からなる役員参加の別館建設委員会が立ち上げられた。全体の部屋数も１０００を超えない９８０室に抑え、量より質を優先した。本館も開業10年が近づき、他ホテルの大型化に対抗して改修と一部施設の移設に踏み切った。

キーワードは「暖かみ」「格調」「清楚」「エレガンス」とされた。エントランスやロビーの柱、梁、庇、窓は本館のイメージと調和が図られ、２７０坪のロビーには温かみのあるインド産の砂石が使われた。

エントランスホールには鷺《さぎ》の群れの版画「鷺畷《さぎなわて》の柵」が大壁画として飾られた。別館は４３０室で、最上階には１００坪と70坪のスイート「ペントハウス・スイート」、庭園付き貴賓室が設けられ、当時の日本最高額で最大（94坪）のインペリアルスイートを擁していた。

本館と別館には別々のフロントが設けられたが、別館の宿泊客が本館のフロントを訪れることや、逆も当然ありうる。サービスを落とさず、人員を過剰に増やさずに対処するために、コンピュータシステムを導入した。各部門に設置した端末機とコンピュータをつなぎ、顧客情報、売り上げ計上情報がリアルタイム処理され、本館と別館のどちらからでも予約や精算ができるため、双方で任意にチェックイン、チェックアウトができるようになった。同システムはリード社とＩＢＭを通じて、国内の一流ホテル十数社に「ホーネットシステム」として販売された。

飲食部門は本館の改修と連動している。本館のレストラン「エメラルドルーム」とコーヒーショップ「カメリア・コーナー」を閉鎖し、別館12階に都内最高級レストランを目指した純フランス料理兼高級バー「ラ・ベル・

インペリアルスイート

エポック」を、同1階に新「カメリア・コーナー」を造った。本館は日本料理「山里」と中国料理「桃花林」の拡張・充実が図られた。宴会場は、平安の間に次ぐ「曙の間」（３２０坪）など16室が新設された。

工事は全体に順調だったが、本館と別館をつなぐ地下道の建設工事は設計施工に時間がかかり、生コンクリートを打ち込んだのは開業1カ月前だった。なお、この地下通路は、２０１９年に完成した新本館、The Okura Tokyoとはつながっていない。東京五輪後に別館の再開発計画が検討されているため、昭和時代に完成した本館・別館は令和時代にすべて姿を消すことになる。

オイルショックで方向転換

別館工事中の72年5月にホテルオークラは開業10周年を迎え、5月19日の記念パーティーに先駆けた社員の記念式典で、野田は会長就任を表明した。新社長には青木寅雄副社長が昇格した。

別館は73年12月1日に開業した。収支は77年3月期には黒字転換する見通しだった。実際には開業後数年間は想定を下回り苦戦するが、物価上昇や高度成長に助けられ、76年から計画を上回って収益が向上した。ホテルオークラは70年に資本金を30億円に倍増資し、建設資金は借入金に依存した。自己資本は５年前の３倍になったが、借入金は５・５倍に拡大した。

別館の開業と同時に、ホテルオークラは最大の危機を迎える。発端は開業直前の１９７３年10月に発生したオイルショックである。石油価格が急騰し、トイレットペーパーや洗剤、砂糖の買い占めでパニックになった。電力の自粛要請から深夜営業やネオンの自主規制が行われ、贅沢やレジャーを控える風潮が広がっていった。海外からの訪日客も頭打ちとなった。

74年の新春顔合わせで、会長となった野田が２つの方針を示す。

①販売方針の変化……高級ホテルのイメージを保ちつつ、よりリーズナブルな価格でこれまでと同様のサービスを行う

左から本館、大倉集古館、別館

②諸経費の節約……社内に「時局対策委員会」が設置され、コストを抑制する価格高騰にもかかわらず、文房具等の消費額は73年の半額で済ませた。残業ゼロ運動など人件費の圧縮も行った。「役員報酬も返上した」(大崎)

ただし、ホテルのブランドの根幹の一つである料飲については、安かろう悪かろうではなく、材料の創意工夫によって料飲原価率を下げることに成功し、以後の不況期を乗り切るためのノウハウとして蓄積された。

3月後半から全国を11ブロックに分けたセールスキャンペーンが実施され、各地の有力者に販促活動を行い、オークラの知名度を向上させた。

75年6月にはマーケティング部が設置され、「全社員がセールスマンとなろう」が合言葉となった。円高で伸び悩んでいた外国からの個人客だけでなく、日本人客の充実へ舵が切られた。

開業15周年の77年5月20日、社員向け記念式典であいさつした野田は「基本的なノウハウはどのホテルでも同じ。だがホテルオークラは紙一重でもよいから、他のホテルに(比べ)優れていなければならない」と述べた。

迎賓館の運営を受託

１９６７年の閣議決定で、赤坂離宮を改修して迎賓館に充てることになり、６年かけて改修された後、74年にオープンした。赤坂離宮本館に加え、和風別館も新築された（設計は谷口吉郎）。その際、食器・備品についてのアドバイスをオークラに求めた。

そうした経緯もあり、最初の迎賓館の運営がオークラに委託されることになった。その後、帝国ホテル、ホテルニューオータニの3社が1年交代で運営を担当した。

オークラの交代直後に英国エリザベス女王来日が決定し、実績を評価されたオークラに引き続き運営するよう働きかけもあったが、外務省の要請もあったことや、日本ホテル協会会長だった野田が混乱を避けたため、1年で担当を降りた。

オークラが担当を続けていれば、３ホテルが「御三家」と呼ばれることはなかったかもしれない。なお、この3社の持ち回り運営（非公開入札）は80年代まで続けられ、85年からプリンスホテルも加わったが、バブル崩壊以後は完全公開入札方式となっており、他ホテルが受託するケースも増えている。

１９７４年11月には米フォード大統領が来日した。現職の大統領としては１２０年の日米修交史上初だったが、衆参両院議長主催のレセプションと、日米協会・日米経済協議会共催のレセプションのためにオークラの曙・平安の間に迎えることができた。

大統領の滞在中、平安の間を半分使ってプレスセンターが設置され、250名の随行員を受け入れたが、これは想定外で、すでに平安の間には西独コメルツ銀行の大宴会の予約が入っていた。招待者約600名はもう半分のスペースでも収容可能だが、交渉ではコメルツ銀行が「われわれはドルショックですでに多大な損害を被っている。どうしてホワイトハウスのために譲歩しなければならないのか」と怒り心頭だった。オークラは「平安の間の半分のスペースで600名のレセプションに責任を持ち、ご満足いただける自信がある」と粘り強く交渉し、最後には快諾を得たという。

81年に三井物産出身の後藤達郎が社長になり、野田は代表取締役名誉会長となった。このころ、世界でのオークラの評価を定着させるような記事が出る。米国の金融専門誌『インスティテューショナル・インベスター』81年9月号で、世界の有力銀行家100人にアンケートした特集「世界のベストホテル」でホテルオークラが世界第2位にランクインしたのだ。

採点内容は非開示だが、コメントから、①ヘルスクラブが充実している、②コピーサービスなどエグゼクティブ・サービス・サロンがよい、③7つのレストランの料理がよい、④荷物を梱包したり、海外へ送ったりするサービスに間違いがない、⑤受付係が客の顔と名前を覚えている、などが評価されたようだ。

『インスティテューショナル・インベスター』は80年の特集でもオークラを東京でトップに評価している。また、78年には女性誌『ハーパーズ バザー』で世界の10大ホテルに選ばれている。

米国大統領の定宿に

1983年11月、レーガン大統領が来日する。オークラは迎賓館で接遇を担当し、シュルツ国務長官ら随行の約650人はホテルオークラに宿泊した。86年5月に2回目の東京サミットが開催されたが、現職の米国大統領として初めて、レーガンがオークラに宿泊した。

総勢900人の随行員のうち、米国代表団一行は別館全室と本館10階を使用し、報道関係者は本館9階以下に宿泊した。別館の長期滞在客は本館の客室に移り、別館は全館を米国代表団が借り上げた。ホテルの周囲には厳重な警戒態勢が敷かれ、極めて異例だが別館客室には米国の警察犬が滞在した。

期間中は通常営業は不可能で、宴会や婚礼の売り上げ減が見込まれた。一方で、レーガン大統領の記者会見が世界各国に報道され、大きな宣伝効果を生んだ。これ以降、歴代の現職大統領はホテルオークラを定宿としている。

このころ、オークラに新たな競合が生まれる。86年6月7日、オークラからわずか３００ｍの至近距離にあるアークヒルズに、東京全日空ホテル（現・ＡＮＡインターコンチネンタルホテル東京）が開業したのである。客室９００、宴会場22室、レストラン・バー12カ所の本格的シティホテルで、オフィスビルやコンサートホール、集合住宅に加え、当時はテレビ朝日も本社を移転してきた。

ライバル出現に、代表取締役名誉会長となっていた野田の肝いりで社内に「Ｈ＆Ｈ委員会」が組織された（Ｈ＆Ｈはホスピタリティ〔おもてなし〕とハーモニー〔調和〕の頭文字をとったもの）。

もっとも、直後に訪れるバブル景気によって、ホテル業界は空前の活況を迎えることになる。どのホテルも連日の宴会でにぎわい、「これまでで最も豪華なパーティーにしてほしい」といったオーダーが入るようになり、出席者２５００人超、３時間で売り上げ1億円という大宴会も珍しくなかった。

１０００人を超す客に対応できるホテルは限られており、オークラなど御三家には追い風だった。宴会場「平安の間」に日本庭園を設けたり、池を設けて橋を渡って会場入りするイベントもあった。

１９８７年１月１日、大成観光は開業25周年を機に社名をホテルオークラに変更した。売り上げは89年度に４００億円を突破。90年度も最高益となる。だが、バブル崩壊により91～92年度は２期連続で減収。92年に日銀出身の佐藤晃一副社長が社長に就任した。

93年度はオイルショック以来の経常赤字になった。当時はバブル時代からのホテル建設計画が継続していたうえ、バブル崩壊後は地価下落で開発がしやすくなったこともあり、ホテル開業が相次いだ。「国際観光ホテル整備法」で定められた、外国人客の宿泊にふさわしい「政府登録国際観光旅館」の登録をしたホテルは92年の６５７軒から１年で７５５軒に増え、96年には１００２軒に達し、供給過剰問題が深刻になってきた。

フォーシーズンズ、パークハイアット、ウェスティンの「新御三家」襲来

１９９２年にフォーシーズンズホテル椿山荘東京（現・ホテル椿山荘東京）、94年にパ

ークハイアット東京とウェスティンホテル東京がオープンし、「新御三家」と呼ばれた。最低客室面積は40㎡以上で、オークラの38㎡を上回っていた。

新御三家に対抗するため、ホテルオークラは客室の一部をリニューアルする。本館の客室の多くにセパレート型のシャワーブースを設置し、3室を2室に改修して40㎡強のデラックスタイプの客室を増やした。が、競争激化で国内ホテルの客室単価は漸減傾向となり、オークラも料金を段階的に引き下げざるをえなくなった。

宴会部門の売り上げは過去最高だった90年度の6割近くまで落ち込んでいた。社長就任や周年のパーティーが自粛されたためだ。そこでオークラは、94年に新機軸として宴会場での「故人を送る会」を提案した（後に「お別れの会」として定着）。社長経験者などが死去の際に斎場で開催する社葬に代わるもので、棺は置かず、線香でなく献花をする方式で、宴会売り上げの底打ち打開に貢献した。

レストランウエディングやハウスウエディングに押されていた婚礼部門もテコ入れを図った。和風宴会場を改装し、「玉庭」は「コンチネンタルルーム」、「銀杏」は「アトランティックルーム」とどちらも英国ヴィクトリア調に、「有明」「飛鳥」も洋風の「オークルーム」「エメラルドルーム」に衣替えした。オリジナルデザインのクロスやリボンを利用できる新プランをリーズナブルな価格帯で設定したこともあり、９００件を割り込んだ年間婚礼件数も１０００件台を回復した。

１９９５年６月には大崎磐夫副社長が生え抜きとして初めて社長に昇格した。大崎は29年生まれで、53年に東京商科大学（現・一橋大学）を卒業後、旧大倉グループの常磐炭礦《たんこう》で経営効率の改善に取り組み、60年に大成観光に移ってホテルの開業準備に従事した。大倉喜七郎から呼び出された大崎は、「これからのホテルには原価計算は非常に大事なポイントだから、ぜひホテルに来てほしい」と励まされた。

社長就任時に「開業当時の独創性とエネルギー、行動力を復活していこうという意味でオークラ・ルネッサンスを提唱していきたい」と語った大崎は、オイルショックを乗り切ったときと同様、業界の安易な安値競争に巻き込まれて疲弊する愚を避けるため、「高品質・適正価格」を標榜した。その姿勢が認められ、95年に英国の金融誌『ユーロマネー』で世界のベストホテルランキング３位に、96年には同２位にランクされた。

業績は経常赤字と黒字を繰り返し、純損益段階では赤字が続いたが、98年度にようやく最終黒字に浮上した。チェーン展開も続け、98年1月にグループ名を「ホテルオークラチェーン」から「オークラ　ホテルズ ＆ リゾーツ」（ＯＨＲ）に改称した。99年6月には大崎に代わり、松井幹雄専務が社長に就任した。

21世紀に入ると、現在まで続くインバウンド（訪日外国人客）の増加が始まる。政府による「ビジット・ジャパン・キャンペーン」が２００３年に始まったこともあり、２００７年に８００万人を超えた。

都内はバブル期を上回るホテル開業ラッシュで、02年にフォーシーズンズホテル丸の内東京、03年にグランドハイアット東京、05年にコンラッド東京、07年にザ・リッツ・カールトン東京がオープンした。欧米だけでなく香港資本も本格的に日本に進出、05年にマンダリンオリエンタル東京、07年にザ・ペニンシュラ東京、09年にシャングリ・ラ ホテル東京が開業した。

ホテルオークラは２００１年に東京のホテル運営部門を分社化し、ホテル運営に特化した子会社「株式会社ホテルオークラ東京」を新設した。

財務リストラも行った。借入金は２０００年に約４５０億円と売上高に匹敵しており、また過大に負債を抱えるグループ会社が05年に本格導入される減損会計で減価を迫られる可能性があった。そこで減損会計の前倒し適用を行い、子会社・関連会社株式や独身寮兼研修センターなど保有する固定資産の含み損処理として、01年度に１０７億円、02年度に

１１６億円の減損・売却損処理を行った。利益剰余金は20億円弱まで落ち込んだ。

守るだけではなく、同時に攻めもした。中長期計画として２０１０年までにグループホテルを50ホテル、１万室に拡大する目標を掲げた（１９９９年のＯＨＲの加盟ホテル数は18軒、客室数６５６７）。

世界のホテルチェーンはオークラをはるかに上回るペースで拡大している。他社の事業承継を含め資本提携や運営受託を積極的に行い、子会社や持ち分法適用会社を増やしていった。国内ホテルだけでなく、海外ホテルチェーンとの提携も進めた。グループの旗艦ホテルとして、ホテルオークラ東京はレストランや客室の改修を積極的に行った。

リーマンショック後も海外中心に事業拡大

２００８年５月、ホテルオークラ社長に荻田敏宏が就任する。荻田は慶應義塾大学を87年に卒業し、ホテルオークラに入社。コーネル大学ホテル経営学部大学院修士課程を修了した。オークラフロンティアホテルつくばの総支配人も経験しているが、事業戦略畑が長く、コーポレートファイナンスのスペシャリストだ。

荻田は新たな経営目標として、①事業規模の拡大、②既存事業の経営力・運営力の強化、

③グループ・チェーンインフラの整備・拡充を３本柱とした。なかでも規模の拡大は従前の路線をさらに加速させ、10年スパンで世界の主要都市のうち5都市に進出し、07年時点のホテル24軒・総供給客室数７３５８を50軒・１万５０００に倍増させる目標を掲げた。具体的な戦略としては、トップブランドの新投入も含めたブランド再編を行い、トップブランドホテルを５～10軒運営する目標も設定した。

リーマンショック後は赤字に転落。収益的には再び苦しい時期だったが、10年度は２期ぶりに黒字化と、金融危機や東日本大震災のさなかにあっても、海外を軸に事業規模の拡大を進めた。09年にハワイ・オアフ島の「ザ・カハラ・ホテル&リゾート」、11年にハワイ・マウイ島の「マケナビーチ&ゴルフリゾート」がＯＨＲに加盟した。12年にはハウステンボスジェイアール全日空ホテルが「ホテルオークラＪＲハウステンボス」に改称してＯＨＲに加わった。

ＪＡＬホテルズを加え、本館建て替えへ

２０１０年9月30日、ホテルオークラは日本航空傘下のホテル運営会社「ＪＡＬホテルズ」（ＪＨＣ）の株式約80％を取得した。当時、日本のホテルチェーンで積極的な事業展

開を行っていたのはＪＨＣとオークラの2社のみで、事業ベクトルが一致した。国内36ホテル、海外22ホテルが一気に加わり、事業規模の目標は「15年度をメドに１００ホテル、３万室」へと引き上げられた。

ブランドも再編した。オークラ ホテルズ＆リゾーツとして、標準客室面積50㎡の小規模クラシックラグジュアリーホテル「オークラ ヘリテージ」と、同45㎡の中規模モダンラグジュアリーホテル「オークラ プレステージ」の2つの新ブランドを投入する。

これで、既存の「ホテルオークラ」ブランドと合わせて3ブランド体制となる。また、2チェーンだったＪＨＣはニッコー・ホテルズ・インターナショナルとして「グランドニッコー」「ホテルニッコー」「ニッコースタイル」の3ブランド、さらに「ホテルＪＡＬシティ」を加えて3チェーン7ブランド体制とした。

そして新たな経営ビジョンとして、「日本の産業とホテル業に貢献する和製国際ラグジュアリーホテルチェーン化と、その実現による国際競争力のある優良ホテルチェーンへの進化」を掲げた。

２０１４年には、長年の懸案だった本館の建て替えも発表した。価格政策もあるが、客室稼働率は14年4月時点で80％と、周辺ホテルよりやや戻りが悪かった。アメリカ大使館が隣接しており、港区など行政との調整にも時間がかかったものの、五輪前の開業にメドがたち、このタイミングでの発表になったという。

当時の本館の客室数は４０８で、建て替え後は５０８と１００室増える。客室面積も30～33㎡から48～60㎡へと広くなり、外資系ラグジュアリーを凌駕する。ホテルの敷地２万６２００㎡の約半分は庭園として整備され、当時のオークラ公園より大きくなる。総事業費は約１１００億円。

発表の1年ほど前から、オークラの営業部隊の最前線では1～2年後の法人宴会など先の予約を受けないようになっており、建て替えに向けた動きは業界では公然の秘密だった。

SNSで拡散した建て替え反対運動

だが、建て替えが発表されると、国内外のオークラファンからたちまち反対の声が上がった。さながら、帝国ホテル・ライト館の保存運動のようである。

イタリアの高級ラグジュアリーブランド「ボッテガ・ヴェネタ」のクリエイティブ・ディレクターであったトーマス・マイヤーが緊急来日し、海外クリエイターを中心に保存運動に火が付く。ファッション・デザイナーのポール・スミス、建築家デイヴィッド・アジャイ、現代美術家の杉本博司、建築家の森俊子、茶人の千宗屋《せんそうおく》などのオークラファンに海外メディアも呼応した。

日本の若い世代にもムーブメントは波及し、取り壊し前の館内を一目見ようと人が押し寄せた。ＳＮＳでの拡散も爆発的に増えて、ネットでの署名運動にまで発展していった。


「将来後悔しないように行動を起こそう」

「未来に残すべきモダニズムの秀作」

「建て替えを革新だけに終わらせないで」

「日本美の神髄。消失を黙って見過ごすことはできない」

「日本の『取り壊し文化』の犠牲者」


といった声が上がり、Twitter のハッシュタグ「#savetheokura」でも、

「ここには想い出しかない」

「なんでも新しくて便利ならいいってもんじゃないでしょ」

「永久保存できたらいいのに」
「解体前に行きたい」

などの書き込みがなされた。

ただ、保存運動の有無にかかわらず、オークラ自身も自らのアイデンティティの体現であるロビーや各種の意匠を受け継ぎ、伝統を新世代へつなぐことが責務だと考えていた。このため、取り壊し前に現況を調査して記録を残すこと、そして創建当時の状況を可能な限り明らかにすることを目指して、学術的な調査を開始した。東京工業大学名誉教授の藤岡洋保の指導の下で、大成建設が主体となって専門技術者の協力を得て調査が実施された。建物実測調査では、従来の手測り手法に加えてＣＡＤソフトを用いた図面化も行われた。

谷口吉生の完璧な再現と革新

とくにロビーについては、谷口吉郎の長男で国際的な建築家の谷口吉生が担当した。吉生は１９３７年生まれ。慶應義塾大学、ハーバード大学を卒業し、ニューヨーク近代美術

再現されたメインロビー

館改築の設計、京都国立博物館百年記念館の設計などを手がけた。

吉生はオークラ本館各部の使用材料や仕様の詳細、下地の構成まで徹底的に調査して図面化した。調査は柱、天井の木製梁型、猿頬《さるぼお》面の天井、天井小幅板、天井点検口などの構造部分から、多胡石壁、麻の葉文様の美術組子、四弁花文様などの装飾部分まで行われた。

ロビー、エントランスホール、コンコースの空間全体についても目視、光沢度、色彩の調査が行われ、内装材料が記録された。

「照明器具、家具、アートワークなどのデザインが注目されているが、微妙に異なる材料の組み合わせ、障子を透かしたやわらかい自然光、部分と全体の比例関係などが特徴である。素材、

光、プロポーションの組み合わせが、オークラロビー独特の静謐《せいひつ》な空気をつくっていた」（吉生）

吉生はかつてのオークラの持ち味を維持しながら、現代に照準を合わせて再現することに腐心した。機能は向上させても意匠は変えない。素材は新築と老朽の間の程よい経年変化を感じさせるものが選ばれた。

本館の取り壊しは２０１５年９月に始まった。創建時の設計委員会のようなチームが組織され、大成建設一級建築士事務所が統括し、谷口建築設計研究所、観光企画設計社、日本設計、森村設計、ＮＴＴファシリティーズが業務を分担した。デザインのための意匠委員会もチーム内に設置され、創建時と同様に合議制で進められた。

２０１５年10月、ホテルオークラはプレスリリース「新本館ロビーへ継承する意匠について」で解体工事への着手を公表するとともに、吉生を設計チームに起用し、「本館に息づく『日本の伝統美』を新本館においても体現」すべく作業を進めていると発表した。本館のインテリア、装飾も可能な限り再利用、再製作して継承していく方針だと宣言した。

吉生はオークラスクエア（前庭）、ロビー、日本料理「山里」、フランス料理「ヌーヴェル・エポック」、「バロンズ バー」、そして大倉集古館の改修の設計を手がけた。発想の原点を「敷地」に求める吉生は、東京都の2040年代のグランドデザインにも呼応する形で、オークラの立地を虎ノ門のみならず東京の中心として捉えるべく構想を固めた。

最初に着手したのは建物の前庭広場である「オークラスクエア」だ。42m四方の水盤に囲まれた六角形の島が水盤の中心に位置すると同時に、プレステージ、ヘリテージの2棟の中心線ともつながり、幾何学的なバランスをとっている。

大倉集古館は建物全体を免震化したうえで、周囲の壁となっていた事務所と収蔵庫を撤去し、米国大使館側へ6・5m移動してランドマークとして際立たせた。ホテル2棟からは水面に集古館が映る光景が美しい。

ホテルの単価が安い東京での挑戦

梅原に「総支配人おすすめの楽しみ方」を尋ねると、「とくにヘリテージでは、客室でゆっくりくつろいでいただけるので、ベランダから外を眺めたり、ビューバスで風呂につかりながらちょっとワインを飲んだり。部屋の中で過ごしていただいても十分楽しめる。ルームサービスの食事も和洋中、何でも揃っている。もちろん、ビジネスマンなら外に出ていくけれど、帰って来たときにホッとするような過ごし方をしてほしい」と教えてくれた。

気になるオープン後の客室稼働率は、「想定を少し下回る程度」という。比率は外国人が55%、日本人が45%。ヘリテージウイングの1泊10万円は日本人の感覚では高く響くが、「東京のホテルの単価は安いので、少し上げていかなければならない。年間を通してヘリテージが8万5000~9万円、プレステージは4万円台後半~5万円で行ってくればいいと考えている」。

その意味では、当面はむやみなPRやセールス価格販売はしない方針だ。「最初から飛ばしすぎると途中で息切れするし、スタッフが慣れていないのに満室にすると、必ずミスが起こる」と梅原はスロースタートを心掛けている。

それでも年末年始は満室。稼働率が低い時期でも単価は下げていないため、収益は想定を上回っている。「値段を下げてしまうと、(業界全体に)やはりいい影響は出てこないと思う。どこまで我慢できるかだ」(梅原)

オークラに限らず、御三家など老舗ホテルには顧客の高齢化という課題が常にある。さらに、単価を一気に上げることで、振り落とされてしまう常連客も少なからずいるだろう。The Okura Tokyoでも、新規顧客の開拓は常に最重要課題と認識している。

東京五輪の開催前に首尾よくスタートした新生オークラ。それは開業時と同様に、「五輪のためのホテル」ではなかったものの、「五輪開催が追い風」となってさまざまな法規制をクリアして開業するという機縁が繰り返されている。

２０２０年代は、名実ともに The Okura Tokyo の２棟が虎ノ門のホテルオークラとして存続することになる。開業に先立つ２０１８年の会見で、荻田は「創業の地、虎ノ門を建て替えるにあたり、グループの旗艦ホテルとしてふさわしい、そしてわれわれの内外に展開する事業のショーケースとなりうるオークラ プレステージ、オークラ ヘリテージという２つのカテゴリーのブランドをお届けする」と述べている。

「ＪＡＬホテルズへの資本参画でホテルブランドが多様化し、新たなブランド戦略ができつつあった。オークラブランドは、ホテルオークラ東京を高級路線に建て直し、ラグジュアリーカテゴリーに集中することが可能になった。プレステージはバンコク、台北に続き、ホーチミン、ヤンゴン、台中に出店が決定。ヘリテージはニューヨーク、ロンドン、パリ、シンガポール、上海、北京など世界有数の都市で事業展開の機会に恵まれれば出店していきたい」（荻田）

国内外の現75ホテル、計画中を含めると91ホテルを、２０２０年度中に同１００ホテルまで広げる目標を掲げている。和製ラグジュアリーとしてスタートしたホテルオークラが、国内資本としては初のグローバルチェーンへ脱皮できるか。The Okura Tokyo の命運は、ホテル単独の成功だけでなく、国際ブランドの文字通り「ショーケース」として、内外の不動産・ホテルオーナーにその魅力をアピールできるかどうかにかかっている。

第4章　ホテルニューオータニ

——ホテル大衆化のフロントランナー

2万坪のテーマパーク

ホテルニューオータニの敷地内で、目指す施設にたどり着くまでに、誰しも一度は迷ったことがあるのではないだろうか。Explore（探検）という言葉がこれほどふさわしいホテルも珍しい。

加藤清正の下屋敷だった４００年以上前から続く日本庭園を持ちながら、本館（ザ・メイン）、高層ホテル棟（ガーデンタワー）、さらにオフィス特化の高層ビル（ガーデンコート）の３つのビルを中心に、33カ所の宴会場と37カ所のレストラン、屋外プールやローズガーデンまで備えた、大人のテーマパークのような施設なのである。

ニューオータニへのアクセスは、ＪＲ・地下鉄の四ツ谷駅、地下鉄の永田町駅・赤坂見附駅、麹町駅からの主に3通りある。四ツ谷駅からは、上智大学の脇を通り抜けて進んでいくと、大きなロータリーの向こうに特徴的なガラス張りの三ツ矢式建築が見えてくる。これがホテル本館のザ・メインであり、１階が宴会フロア、２階が宿泊のフロントロビーとなっている。麹町駅からもザ・メインを目指して歩けばよい。

問題は永田町方面から向かう場合だ。赤坂見附の交差点から弁慶橋を渡ると、もうニューオータニの敷地に差し掛かり、高層ビルの下にThe New Otaniの文字が入った石板の表札が見えてくる。

ただ、その表札には下にTHE GARDEN COURTとも彫刻されている。この高層ビルは主にオフィスが入っている「ガーデンコート」で、向かって右隣、白色の高層ビルのほうがホテル客室のある「ガーデンタワー」である。両棟の下層階はファッションプラザ（店舗街）の「サンローゼ赤坂」となっている。

宴会場やザ・メインに行くためには、エレベーターで5階か6階へ上がる。宴会なら5階（宴会場階）で、宿泊やレストランの利用なら6階が便利だ。6階から進むと、すぐにガーデンタワーのフロント（ベルデスク）やクロークがある。ここは「ロビィ階」と呼ばれていて、奥のエレベーターで40階に上がれば、ビュッフェレストラン「タワー・ビュッフェ」や西洋料理「ベッラ・ヴィスタ」にたどり着く。5階からザ・メインに歩いていく

左からザ・メイン（本館）、ガーデンタワー、ガーデンコート

と、同じ宴会場階だが、建物の1階になる。

同様に6階から庭園を眺められるカフェ・ラウンジの「ガーデンラウンジ」やショッピングアーケード「リュウ・ド・リボリ」を抜けていくと、ザ・メインの2階がロビィ階になっている。メインのソファーラウンジで一休みしてもいいし、すぐメインフロントでチェックインしてもいいが、四ツ谷側からは正面のザ・メインエントランスの草月流の生け花も忘れずに見ておきたい。館内のレストランも多種多様で、和洋中はもちろん「麺処ＮＡＫＡＪＩＭＡ」、とんかつ「ふみぜん」、そば・うなぎ「にいづ」、やきとり「伊勢廣」まで揃っている。

何度か訪れて慣れてきたら、ガーデンコートの2階奥からいきなり日本庭園に入り、散策しながらザ・メインを目指すこともできる。滝越しにメインのガラス張りの壁を眺めたり、橋を渡って「なだ万本店 山茶花荘」（懐石料理）、「石心亭」（鉄板焼）といった料理を楽しんだりしてもよい。

加藤清正の下屋敷から後に井伊家中屋敷の庭園として使われていた園内には、天明年間（１７８０年代）から茂るイヌマキとカヤの木があり、千代田区の天然記念物に指定されている。湧水山水風の池の中には、清正も見ていたであろうクロマツの大木の根の化石も残っている。

ザ・メインの脇にある赤褐色の巨大な石は「赤玉石」で、佐渡島の金山から運ばれた高価なものであり、最大のものは22ｔで日本一大きいという。寛永寺の灯籠など石造りの灯籠も数種類あり、茶室「和楽庵」やガーデンチャペルまである。

この庭園はトリップアドバイザーの「旅好きが選ぶ！日本人に人気の無料観光スポット２０１９」で、第10位に選出されている。

そして、庭園奥に佇む立像が、創業者の大谷米太郎である。

元力士のベンチャー起業家、大谷米太郎

１９２３年9月、関東大震災が原因の猛火から、犬丸徹三が帝国ホテルのライト館を守るべく奔走し、大倉喜八郎が大倉集古館の文化財が焼失するのを呆然と眺めているころ、何もかも失いかけて途方に暮れている人物がいた。大谷米太郎――のちにホテルニューオータニの創業者となる男である。

米太郎は１８８１年に富山県西礪《にしと》波《なみ》郡正得村（現在の小矢部《おやべ》市）に生まれる。貧しい家庭で、草相撲が唯一の楽しみだった。腕っぷしが強く、１９１０年には皇太子（のちの大

大谷米太郎

正天皇）の「御所覧相撲」で5人抜きして優勝。翌11年に31歳で上京を決意して切符を買うが、財布には残り20銭と握り飯しかなかった。

東京に出てからは日雇いに始まり、甘酒屋、八百屋、風呂屋、米屋など職を転々と変えながらビジネスを学んだ。

「商売はまじめにやっていれば儲かる」と確信したが、元金がない。米国に行けば儲かるからと、米国巡業のある相撲取りになろうと考え、相撲部屋に入門した。国内を巡業しながら商売の勉強を続ける毎日で、「横綱になりたい」ではなく、事業への足がかりとして相撲を選んだところが異色である。

四股名「鷲尾《わしお》嶽《だけ》」として幕下上位まで出世するが、米国巡業が中止になると、左手中指をケガで失っていたこともあり、入門3年ですっぱりと引退した。

引退後、米太郎は33歳で妻サトと酒店「鷲尾嶽酒店」を開業し、寝る間も惜しんで働いた。そして資金を貯めると、念願の鉄鋼事業に乗り出した。鋼材加工用のロール製造の下請けから事業を拡げ、10件以上の特許を取得する。第一次世界大戦の軍需も追い風となった。戦争が終わると需要は減ったが、倒産会社から品質のよい秩父《ちちぶ》銑《せん》（木炭白銑）を手に入れて成功する。

ただ、本項の冒頭で述べたように、関東大震災では大打撃を受ける。工場も店も焼け、妻子は行方不明となってしまう。上京したころの振り出しに戻ったと考えた米太郎は、焼け残った部下の家に誘われても住もうとはせず、あえて掘立小屋に寝泊まりして再起を期す。

幸い、３日後に妻子も戻ってきて、被災者のために飲食店を始めることにした。復興支援のため、料理の値段は抑えた。焼け残ったロールを売って事業を立て直すと、やがて兵庫県尼崎市にも工場を造り成功し、今度は満州へ進出する。

太平洋戦争では国内の工場が被災。戦後は満州の工場も失い、財産の半分以上を失う。その後の米太郎は、事業家というより篤志家としての側面が強くなる。昭和電極、立山重工業、星製薬などを再建したほか、相撲再建にも尽力し、連合国軍に接収された両国国技館の代わりに蔵前国技館の建設に尽力している。東京・浅草の浅草寺境内に宝蔵門も寄進しており、観音裏（本堂の裏手）には大谷夫妻の胸像が建っている。

晩年の米太郎が力を注いだのが、ホテルである。彼によれば、当初は建てる気はぜんぜんなかったが、１９６２年になって東京都から「国家のため、ホテルを建てて下さい。オリンピックを開くのにホテルが足りません」と口説かれたのが始まりという。

当時の政府の試算では、五輪時に来日する外国人観光客は１日３万人。だが、対応できるホテルの客室は７５００人分しかなかった。ホテルオークラをはじめ、ホテルニュージャパンやパレスホテルなどが続々と建築されていたが、焼け石に水だ。

そこで政府は、ユースホステルを活用し、和風旅館に融資してトイレや浴室を改装させた。さらに民泊制度を活用し、一般家庭も宿泊設備として確保したが、なお１５００人分が足りない。そこで、純粋に五輪のためのホテルを建設することが構想されたのだ。

米太郎は紀尾井町の土地を、初代東京都知事・安井誠一郎から買っていた。当初はインド大使館が買おうとしていたのを阻止するためで、事業目的ではなかった。敷地は２万坪ほどあったが、戦争中に陸軍が入ったために防空壕が壊れ、穴だらけになっていた。後に地続きの伏見宮家の残りの土地５０００坪も購入していた。

実は、この土地をホテルにする計画は、それ以前にもあった。東急グループ総帥の五島慶太が、ヒルトンホテルを誘致する候補地として、紀尾井町を狙っていたのだ。五島は大谷に「坪10万円で売れないか」と熱心に口説いてきた。

手取り40億円を30億円にまけてくれと言われ、米太郎は「それはまけられない」と断った。次に、八幡製鉄（現・日本製鉄）社長の稲山嘉寛からも売ってくれと言われ、坪35万円で売ることで話がつくはずだった。

だが、その後に東京都から「ホテルを」と頼まれたのだ。米太郎は稲山に謝罪に行き、「男の仕事として、国に協力したい」と話した。稲山は、「それは国家的な仕事ですから、私の方はいいですよ」と承諾した。

オークラの喜七郎に助言を求める

1963年7月4日、紀尾井観光有限会社が発足。同年、株式会社化して10月28日に大谷国際観光を吸収合併し、大谷観光に商号変更した。さらにホテルニューオータニ（現・ニュー・オータニ。社名には「・」が入る）となった。過去3回の増資で資本金は34・5億円になっていた。

創立時の重役には4大証券会社、東芝、八幡製鉄、松下電器産業、サッポロビール、日立製作所、伊藤忠商事、三井物産、三菱商事、三菱電機、東京ガスなどから、そうそうたる面々が集まった。米太郎は東京五輪のため、１万８３００坪のうち９０００坪を坪13万円で現物出資した。

米太郎にビジネスとしての成算がどれだけあったのかは不明だが、40年以上にわたって親交があった永野重雄・富士製鐵（現・日本製鉄）元社長は、「ヒルトンが『あそこはホテルに最適地だ』と言ったことが、大谷さんにピーンと響いたのではないかと思えるフシがある」と振り返っている（大谷米太郎追想録刊行委員会編『一心　大谷米太郎』大谷米太郎追想録刊行委員会、１９６９年）。

囲碁好きの米太郎は、常にじっくり考えて次の一手を打つ長考で知られていた。新事業に乗り出す際も、熟慮に熟慮を重ねてから参入を決意してきたが、今回のホテル建設は本人にとっては急な話だったため、誰か詳しい人物に相談しようと思った。白羽の矢が立ったのが、ホテルオークラを開業したばかりの大倉喜七郎である。２人は古い知人であった。

大倉さんは「ホテル商売はかたいが、もうからんよ。だが、あんた、どこに建てよ

う と思っとるのかね」と言うから「紀尾井町の伏見宮さんの邸跡じゃ」と返事すると「あそこか、あそこならいい、ぜひ、やりなさい」とすすめてくれたんじゃ。

しかし、そう言われたって、わしには金がない、あるのは土地と鉄材だけじゃ。するど、大倉さんは「それだけあれば八分通りできたも同じだよ、私のところなどは、金もなければ、鉄材もなかった、あるのはデコボコの土地が少しあっただけなんだ、それで建ったのだから、あんたもやれる、土地に鉄材があれば、もう鬼に金棒だ」と言ってくれた。そして「もし建てるなら、かえってわしの方が、あんたに頼みたいことがある」と言うんじゃな。

それは「工事は大成建設にやらせてくれ」ということじゃった（中略）。

「ホテル・オークラはホテル完成後、（運営会社の株式を）一株五十円で売り出して、それで建設資金を支払った。オークラに比べると紀尾井町の方が土地がいいし、広いから、一株百円から百五十円で売れる。だから、建設資金は大成の方に立て替えさせておくから、完成した時、あんたが株を少し売ればそれでホテル資金は支払える」（中略）が、ちょっと話がうますぎるし、（中略）その日はそのまま、はっきりした返事をしないで帰ってきた。

ところが、二、三日すると「大成」の副社長が、わしの家に社長を連れてやってきた。「ぜひ、私のところにやらせてくれ」と言うんじゃ。

そこで、わしは「金はないぞ、株を売り出してから払うが、それでいいか」と聞くと「いい」と言う、「できあがった時に、オークラと比べて、いいところはそのように見積もるし、悪いとこは、差し引くがいいか」と言うと「いいです。工事費はガラス張りでやりますし、勉強します。途中で金をくれとは絶対言いません」と言うから、わしもそれで安心して紳士的な口約束を結んだわけじゃ。

工事はもう三日後から始められたが、ボーリングしてみると、水も出ないし、地盤もとても固い。

「これなら、杭一本、敷板一枚いらない。じゅうぶん、オリンピックに間にあいます」と言うんで、わしは言ったよ。

「それなら、うんと安くしろ」

（『一心　大谷米太郎』）

東京五輪を目指し、通常3年の工期を17カ月に

ホテルニューオータニの建築は、ホテルオークラと同じく、大成建設が受け持つことに

なった。当初の計画では客室数１５００程度、22階建てという空前のもの。しかも当然ながら、東京五輪の開催（開会式が１９６４年10月10日）に間に合う64年9月が絶対的なデッドラインだ。完成が間に合わなければ意味がない、ビッグなだけでなく超タイトなプロジェクトだった。しかも、普通なら3年はかかるのが常識的な工事を、たったの17カ月で完了しなければならない。

大成建設社内で白羽の矢が立ったのが、当時43歳の竹波正洪《まさひろ》である。竹波は東京帝国大学（現・東京大学）で建築を学び、１９４６年に26歳で大倉土木（現・大成建設）に入社した。小柄だが面倒見がよく、しかし妥協を許さない性格で「カミソリ」の異名を持つ若手のエースとして工事現場の作業所長を歴任していた。職人の腕頼みの現場に非合理性を感じ、衝突しながらも建築品質の向上に力を注いでいた。

ともに働く若手の技術者たちの尊敬を集め、チーム7〜8人は「竹波組」「竹波学校の教え子」と呼ばれるようになっていく。そうした若手の一人に54年入社の平島治（後に大成建設社長）がいた。「竹波は本間嘉平社長ら経営陣から全幅の信頼を寄せられていた」と平島は言う。

世界初のユニットバス

ニューオータニは、ホテルオークラの建築部長から独立した建築家の柴田陽三・観光企画設計社社長に設計を依頼した。オークラと同様、三ツ矢式建築の平面図が提示された。この段階で完成していた図面は平面図たった1枚のみ。この規模の建築なら通常、200枚におよぶ設計図を、着工前に半年はかけて準備しなければならない。

当時の建築基準法は、米太郎を苦しめた関東大震災の教訓を得て高層建築を厳しく制限していた。ただ建築技術の発達で、いずれ高さ基準は見直すべきだとの気運があり、五輪開催とニューオータニの建築計画がこれを後押しした。とはいえ、法改正手続きも建築と同時進行という強行スケジュールだった。

敷地ではボーリング調査も始まっていたが、ここで竹波は驚くべき提案をする。詳細な設計図の完成を待たずに着工してしまおうというのだ。たしかに上階の施工に取り掛かるまで、理論上は上階の設計図はいらない。だから、下から順に設計図を書かせて、追いかけるように工事を進めて実質的な施工期間を少しでも長く確保しようとしたのだ。

着工は63年4月、現場には設計者30名が集められ、現場で基礎工事と同時進行で図面が作製された。

掘削工事（1963年5月）

高層建築を支える技術として竹波は、五重の塔にヒントを得た「柔構造理論」に着目した。地震の揺れを柱と梁のしなりで吸収する構造で、地震とともに揺れることにより、衝撃を最小化するという発想から生まれた画期的な耐震理論である。

もっとも、実現するためには建築材料を徹底的に軽量化しなければならない。工期の問題ものしかかる。竹波は着工1カ月後に3週間渡米し、ニューヨーク、サンフランシスコ、シアトルを視察した。

そしてたどり着いたのが、重いコンクリートの代わりにアルミを鉄骨にはめ込む「カーテンウォール工法」だ。この工法は施工の質によっては雨漏りをするという致命的な欠点があるため、アルミメーカーの不二サッシ工業（現・不二サッシ）に依頼して、精密なアルミパネル2400枚を大量発注した。

しかもこの工法を、プレハブ住宅のように事前にパーツを完成してしまい、現場では組み立てるだけという手順で処理した。当時も団地の建設ではプレハブ化が進ん

鉄骨工事（1963年11～12月）

でいたが、まだビルへの応用は難しいとされていた。

建物の構造は上下2層に分け、機械室を置く地下3階から地上3階までは従来型の鉄筋コンクリート造、4階以上が鉄骨造となった。「今では当たり前のH形鋼が画期的な技術として導入され、軽量化に役立った。溶接技術も進んだので、四角いボックス形の柱を製作することができた」（平島）。隙間なく仕上げるために、日本中から鉄骨を完璧に溶接できる職人を集めた。

工期短縮のもう一つの切り札として、竹波が着目したのが浴室だ。従来工法ではタイル張りや配管、防水工事など24種以上の工程ごとに職人が入れ替わり、一つの浴室を完成するのに1カ月かかっていた。竹波は米国の論文で「ユニットバス」のアイデアを知っていた。バスタブ、洗面台、便器を組み合わせたユニットをあらかじめ工場で製作してしまい、工事現場では部屋にはめ込むだけ。ただ、実用化例は世界のどこにもなかった。

開発を依頼したのは東洋陶器（現・ＴＯＴＯ）である。デザインを担当した進藤正巳は入社2年目で設計部にいた。ニューオータニ50周年記念誌のインタビューに「最初は何が何だかわからなかった。すでに着工していて、浴室の位置やスペースを示す図面はあったが、作り方は決まっていなかった」と振り返っている。

進藤らは短納期、軽量化、防水性をクリアすることを念頭に置いたが、鉄骨を組んだ下部にお盆状の素材で防水することだけが決まっていて、材料も未定だった。浴槽や便器や洗面カウンターをどうセットするか、さまざまなレイアウトが考案されたなかで進藤が留意したのは、工期短縮のために配管部分をいかにコンパクトにするか。

そこで、水と湯を1カ所だけでつなぐレイアウトが考案された。ユニット組み立てにしたことで、24の職種をわずか3職種にまで減らすことができた。「工場で作った後、運搬もコンパクトに済むように、床の上に四方の壁を畳める構造にした」（平島）

ユニットバスの吊り上げ（1964年3～4月）

施工時間は従来の1室1カ月から2時間まで短縮され、1日20室も仕上げられるようになった。

ユニットバスはやがて全国の住宅に普及していく。ユニットバスを意味する「ＵＢ」や、大きさを表す表記は、東洋陶器の社内で使われていたものが現在もスタンダードになっている。

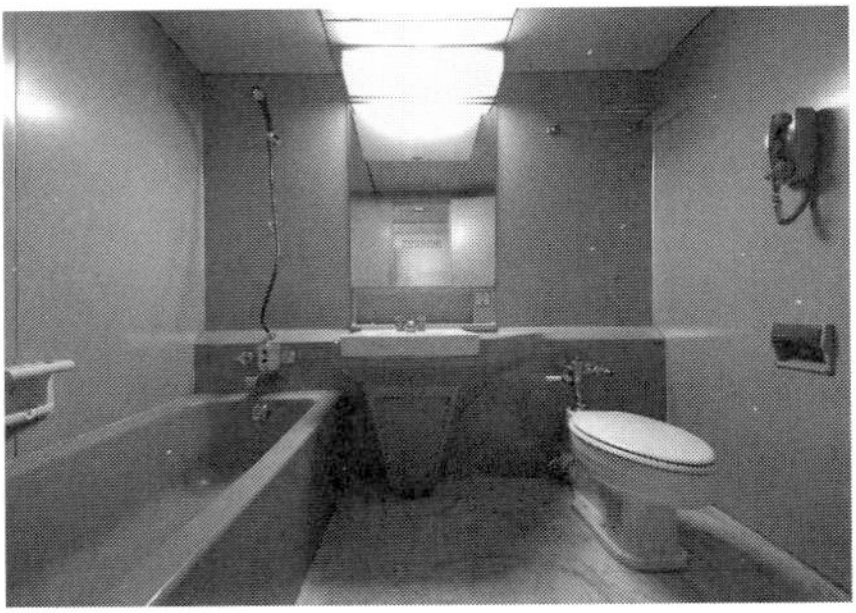

初代ユニットバス

富士山レーダーを妨害しないよう 22階→17階に変更?

進藤たちが夜10時に現場を引き上げた後も、明かりは煌々としていた。鉄骨の組み上げを24時間稼働で行うため、夜間は１００個の投光器がかき集められていた。延べ１１０万人、１日平均２２００人が携わるプロジェクト。最盛時には３５００人が作業していた（ＮＨＫ「プロジェクトＸ」制作班編『東洋一の巨大ホテル 不夜城作戦に挑む』ＮＨＫ出版、２００５年）。

大成建設のスタッフは、昼間は現場監督、夜は施工図を描く生活で、家に帰れるのは３

日に1度だったという。それでも、竹波は作業員にできるだけ休みを取らせることに気を遣った。寝転がれる休憩室もあり、「食事が立派で、牛乳は飲み放題だった」（平島）。食事の豪華さは、大成建設の社員が本社からニューオータニの現場まで食べに来るほどだった。

新しいアイデアを現場に取り入れることに躊躇しなかった竹波だが、いたずらに未知の作業機材を使おうとはしなかった。「業者が売り込みに来たタワークレーンを『新しがってはいけない』と言って採用せず、マストを立ててロープで引っ張るガイデリック工法や三脚デリックと呼ばれる従前の工法を使った」（平島）

ホテルの高さは63年6月ぐらいまでは22階建ての図面だったが、やがて17階建てに縮まり、構造も若干の変更を施した。「そのために1カ月工事がストップした」（平島）という。高さが17階に変更された理由は諸説ある。まず、工期を守るため無理をしなかった説。これは、平島が言うように設計変更で1カ月工事が止まったことから考えにくい。

次に、帝国ホテルの現本館（70年竣工）が26階建てから17階建てに変更されたように、皇居や赤坂御所を見下ろす高層建築が高くなりすぎないように配慮したという説。これは信憑性がありそうだが、証拠となる資料はなかった。

もう一つ有力なのが、同時期に完成した富士山レーダー（現・富士吉田市立富士山レーダードーム館）に配慮したという説だ。

富士山レーダーは、伊勢湾台風（１９５９年）の被災を受けて台風観測を目的に、静岡県富士吉田市の富士山測候所に造られた設備で、東京・大手町の気象庁とマイクロ回線で結ばれるはずだった。ところが両者の直線上にちょうどニューオータニが位置しており、22階建てでは回線を妨害してしまうというのだ。

ＮＨＫ「プロジェクトＸ」では、１９６３年夏に気象庁職員が「赤坂に新築中の」「一七階建てのホテル」を訪れ、電波障害となるかどうかを確認している。ホテル名は明確になっていないが、17階建てならニューオータニで間違いない。

ただ、確認の段階ですでに17階建てに変更されており、「電波はホテル最上階の回転ラウンジの上空数メートルを通過することが確かめられた」（ＮＨＫ「プロジェクトＸ」制作班編『巨大台風から日本を守れ』ＮＨＫ出版、２０００年）となっていて、設計変更の理由にはなっていない。

とはいえ、22階建てのまま建築してしまったら大変な問題になっていたわけで、時期的に見てもこれが最大の理由だったのだろう。実際、これを理由に挙げるニューオータニＯＢもいる。

なお、「プロジェクトX」ではホテルニューオータニの建設自体もテーマとして取り上げているが、こちらでも17階建てとなった理由はさまざまあるとしていて、有力なのは「東京都がお堀から見えることに難色を示した」という立場を取っている（『東洋一の巨大ホテル不夜城作戦に挑む』）。

ジェームズ・ボンド『007は二度死ぬ』に登場

ところで、ニューオータニは御三家ではなく外資系ホテルとして誕生する可能性があった。この時期、１００ホテル開業に向けて世界展開を続けていた米国のシェラトン（現在はマリオット・インターナショナル傘下）とマネジメント・コントラクト契約を結び、運営を任せることになっていたのだ。

このため当初は「オータニ・シェラトン・ホテル」として準備が進められ、ホーラス・スミスという外国人総支配人が着任しており、エレベーターの裏側には「東京シェラトン」と書かれていた、と元取締役の佐々木成人は打ち明ける。シェラトンの意向で宴会場など部屋の配置が何度も変更になった。

本館入口のスロープは、今は時計回り（右回り）で急に上がってゆっくり下りるように

1964年東京五輪開催時の本館。
スロープが左回りになっている

なっているが、これはもともと左ハンドル車で左回りを想定していたからだ。客を乗せた車はゆっくり上り、客を降ろしたら速やかに下る。オープン当初は右ハンドルの日本車でも左回りになっていたが、開業からしばらくすると、タクシーの自動ドアなどが開けやすい右回りに変更された。

余談だが、映画『００７は二度死ぬ』（１９６７年公開）で、ニューオータニ本館は悪の組織の本社ビルとして出てくるが、ここで玄関に乗り付ける車は左回り（反時計回り）だ。さらに、２０１９年10月23日の即位の礼晩餐会の際にも、１９０カ国からの国賓到着をスムーズにさばくために、55年ぶりに左回りが採用されている。

だが、建設途中でシェラトンは手を引く。１９６３年に開業した東京ヒルトンホテル（建て替えで現在はザ・キャピトルホテル東急）がマネジメントフィーを米国のヒルトン・インターナショナルに支払うことがやり玉に挙げられたからだ。20年契約で売り上げの

３％程度だが、１ドル３６０円時代であり、貴重な外貨を流出させると国会で五島慶太が批判されたのだ。

スミスは帰国し、新しい総支配人に、芝パークホテル常務だった岡田吉三郎が就任した。面談した米太郎が一目見て、すぐに抜擢したのだ。

新ホテル名は「ホテルニューオータニ」となった。オータニの前に「ニュー」が付いたのは、「この世にないまったく新しいホテルを造る」という意味だと解釈されているが、米太郎の息子・米一《よねいち》によれば、大谷観光やホテルオータニの案も出たが、外国人にとっては「オークラ」も「オータニ」も区別がつけにくいので「ニュー」を付けたのだという（保阪正康『ホテルニューオータニ　ニューホテル・エイジを拓く』朝日ソノラマ、１９８０年）。「オークラより新しい」という意味も込められていたのかもしれない。

もっとも、ニューオータニは他のどのホテルよりも、ホテルオークラから有形・無形のノウハウを注入されている。米太郎が喜七郎と野田岩次郎を全面的に信頼しており、オークラにはニューオータニから役員が協力要請に訪れている。

開業準備室にはオークラから数名が転職していた。後に常務となる片倉冀《あきお》も、63年12月にオークラから準備室に移ってきた。「オークラは５００室以内で、内容の充実したいい

空から見た創業当時の本館

ホテルだったが、今度ニューオータニがその倍の規模でできると聞いて、面白そうだと思った」という。

オークラの宿泊部門には横浜のホテルニューグランドから入社した従業員がいたが、ニューオータニにもニューグランドの出身者が多くいた。

レストランや宴会場にもオークラのコンセプトが積極的に取り入れられた。たとえば、オークラのフレンチレストラン「コンチネンタル」のコンセプトは、ニューオータニの「バルゴ」（現・ベッラ・ヴィスタ）に導入され、オークラの中国料理「桃花林」はニューオータニの「大観苑」を運営面で支援している。宴会場も、当時最大だったオークラの「平安の間」を上回る大きさで設置したのが「芙蓉の間」だった。

東洋最大の回転レストラン

完成まであと1年となったころ、米太郎が唐突にとんでもない注文をしてくる。「外国

郵便はがき

料金受取人払郵便

代々木局承認

6948

差出有効期間
2020年11月9日
まで

1518790

203

東京都渋谷区千駄ヶ谷 4-9-

（株）幻冬舎

書籍編集部宛

1518790203

ご住所　〒

都・道
府・県

フリガナ

お名前

メール

インターネットでも回答を受け付けております
http://www.gentosha.co.jp/e/

裏面のご感想を広告等、書籍の PR に使わせていただく場合がございます。

幻冬舎より、著者に関する新しいお知らせ・小社および関連会社、広告主からのご案内を送付することがあります。不要の場合は右の欄にレ印をご記入ください。

不要 □

書をお買い上げいただき、誠にありがとうございました。
問にお答えいただけたら幸いです。

ご購入いただいた本のタイトルをご記入ください。

』

著者へのメッセージ、または本書のご感想をお書きください。

本書をお求めになった動機は？

著者が好きだから　②タイトルにひかれて　③テーマにひかれて
カバーにひかれて　⑤帯のコピーにひかれて　⑥新聞で見て
インターネットで知って　⑧売れてるから／話題だから
役に立ちそうだから

生年月日	西暦　　年　　月　　日（　　歳）男・女			
ご職業	①学生	②教員・研究職	③公務員	④農林漁業
	⑤専門・技術職	⑥自由業	⑦自営業	⑧会社役員
	⑨会社員	⑩専業主夫・主婦	⑪パート・アルバイト	
	⑫無職	⑬その他（　　）		

のハガキは差出有効期間を過ぎても料金受取人払でお送りいただけます。
記入いただきました個人情報については、許可なく他の目的で使用す
ことはありません。ご協力ありがとうございました。

人に富士山を見せてあげたい。最上階に東洋一の回転ラウンジを載せてくれ」というのだ。
大成建設の社内は騒然となるが、竹波は「面白い」と思ったという。計算してみると、直径45ｍまで設置可能とわかるが、国内には前例がない。ハワイのホテルには実物があったが、ニューオータニの計画の半分以下のサイズで参考にならない。

そうしたなか、63年暮れになって、広島県呉市の尼崎製鉄（現・神戸製鋼所）が、床を滑らかに回す技術を提案してきた。同社は呉海軍工廠として軍艦のパーツを製造していた。鉄骨工事担当となっていた平島が呉に飛ぶと、「円錐コロ軸受け」という、ボールベアリングを使った、軸が45度に傾いて円錐形の車輪（コロ）を付けた部品を見せられた。駐車場のターンテーブルに使われているだけでなく、戦艦大和の主砲を回していたと聞いて、平島は驚いた。

このコロ１２０個で、ラウンジ室内の外側３・５ｍの帯部分が回転する構造となった。許容される誤差はわずか２㎜。帯の外側と内側に60個ずつのコロを水平に載せていく。ここでの誤差は０・５㎜まで。１２０カ所すべてを「水盛り」と呼ばれる、透明なホースを２カ所の床に伸ばし水位を比較する方法で計測しながら据付工事を行った。

尼崎製鉄側の責任者だった柴田一弥（現・マイテック社長）は神風特攻隊の出身で、

17階回転ラウンジの工事。奥に国会議事堂が見える（1964年1～2月）

「前例のない大きさの回転盤を製鉄所から運び出すには分割するしかなかった。製鉄所でのシミュレーションも一部分でしかできず、ぶっつけ本番で建設現場へ乗り込んだ」と当時を振り返る。

超高所での難しい作業である。「20日ほどですべてのパーツを組み、見事にピタッと円になったときの感動と安堵感は今も忘れられない」（柴田）。技術者たちは回転盤を正確な水平に保ちながら、極限まで振動を抑えて回転させることに苦労した。「回転盤と床の境目に女性のヒールがはまってしまわないように工夫した」と柴田は言う。

完成時の稼働試験ではノッキングと呼ばれる、引っかかるような衝撃をなくすため、床とコロの間のわずか50㎝の隙間に潜り込んで調整を行った。最終実験では、平島がコップの縁までなみなみと水を注いでテーブルの上に置き、胡坐《あぐら》をかいて見守った。ラウンジの回転が終わる1時間で、水は一滴もこぼれなかった。

引き渡しは8月から順次行われ、9月1日に開業する。だから「実質的には17カ月でなく16カ月だった」と平島は言う。「一流のホテルにするためには従業員の訓練が1カ月は必要だ」という竹波の意向だった。

回転ラウンジは「ブルースカイラウンジ」と名付けられた。1990年代にいったん停止するが、存続要望がホテルに殺到したため1年後に再開された。2018年3月25日より、安全性を考慮して回転を停止している。

米太郎とニューオータニ

　回転ラウンジから東京の街を眺めるのが好きだった米太郎は、68年に86歳で逝去している。平島は高齢の米太郎と直接話をするチャンスは少なかったが、彼の意向として印象に残っているのが、「建物をできるだけ入口から奥へ引っ込めろ」と指示したことだという。「庭園を削っていいから、できるだけ車寄せのスペースを造れと。それが現在までニューオータニの強みになっている。ものすごい先見の明だ」(平島)

完成後しばらく柴田は、回転盤がしっかり動いているか心配で、なかなかラウンジに足が向かなかった。「妻にも『一度しか連れてきてくれなかった』とこぼされた」。回転が止まったことを残念がったが、「よく頑張ったほうだね」と語る。

ケーキセット1320円が大行列に

本館の建築がオープン前ギリギリだったため、従業員をホテル内で研修させている時間がない。開業時に客室係として13階のフロアを担当した吉橋克美は、「毎日階段でフロアを往復したり、日本庭園の広いところを使ってベッドメイキングの練習をした」という。

厨房もできていないので、福島正八（後に総料理長）、平田憲巳《けんみ》（後にシェフパティシエにあたる製菓課長）ほか調理師たちも、庭の築山やプレハブ小屋で宴会料理の打ち合わせを何度もしてイメージトレーニングした。

「洋食のコックが２３０人、和洋中に製菓を入れると４００人ぐらい。帝国ホテルやパレスホテル、東京會舘からも人が来ていた」（福島）。寄せ集めでスタートしたためか、他のホテルにありがちな派閥はなかったという。「その代わり、そんなにまとまっていたわけでもなかったが」

建物の完成後、「工事が終わってまだ煙がモワモワして、ほこりが舞っている中をシルバー（銀食器）類や鍋とか釜を、みなで行列をつくって運んだことが印象に残っている」（平田）。

1964年8月、オープンに先駆けて開業記念レセプションが芙蓉の間で開催された。招待客に向け、米太郎は「もともと鉄工業が本業で、ホテル経営など考えてもみなかった私が、ここに日本で初めての超高層、かつ最大のホテルを建設し、華々しく開業の運びにいたりましたことは、このうえない喜びであり、終生の感激であります」「社員一同、まごころを持って新しい事業につとめ、みなさまのご期待に添いたいと存じますが、もしサービスなどにご不満の点がございましたら何なりとお叱りいただき、末永くご愛顧賜りますよう心からお願い申し上げます」とあいさつした。

そして9月1日、ホテルニューオータニが開業した。宴会はほぼフル稼働だったが、客室稼働率は抑えて、従業員の慣れないサービスで事故が起きないように注意が払われた。

何よりも客を呼んだのは、最上階の回転ラウンジ「ブルースカイラウンジ」である。約1時間で東京の眺めが360度一望でき、コーヒー・紅茶は1杯500円。ケーキとのセットが1200円で、10％のサービス料込みで1320円。これが飛ぶように売れた。店

当時のブルースカイラウンジ

の前だけでなく、エレベーターを降りた1階（宴会場階）まで順番待ちが長蛇の列だったというのは有名な話だが、食後にレジで支払いを待つ行列も同様に長かったという。

ただし好調なのは飲食や宴会だけで、宿泊客は少なかった。しかも東京五輪の後、ニューオータニは深刻な集客難に陥る。外国人客が一服したことに加えて、五輪に向けた公共投資の一巡と、証券不況が国内客の財布のひもを締めてしまったからだ。

オープン後初の年末年始である64年暮れから、明けて65年正月になっても宿泊客は少なく、稼働率は10パーセント台で低迷。「ニューオータニはマンションになるらしい」との噂がまことしやかに流されていた。寝る間もないほど働いていた調理部門にも噂は伝わってきたが、「こっちは忙しいのに、何言っているのかと思った」と平田は語る。

逆境をかわすため、ニューオータニは必死の打開策に乗り出す。帝国やオークラの倍の規模の部屋数だったことで、小手先の対策ではどうにもならないという「危機バネ」がより強く働いたのか、それまでのシティホテルの常識だった外国人客から、日本人客の開拓に大きく舵を切ったのだ。

64年12月に、日本のホテルでは初の本格的な会員組織「紀尾井クラブ（現・ニューオータニクラブ）」が発足する。65年1月には大阪案内所（現・大阪営業所）を設置して西日本からの集客を強化した。

65年5月には米太郎が会長に退き、元外務省事務次官で駐ソ大使を務めた門脇季光《すえみつ》が2代目社長に就いた。国公賓を接遇するためには、プロトコルやマナーの完璧な知識が必要。そのために外務省から招聘した形だ。

オークラも顧問として駐米大使経験者を、また帝国ホテルも駐英大使だった大野勝巳が72年から76年まで社長を務めている。門脇は「酒が強くて、『バー カプリ』でマティーニをガンガン飲んでいた」（片倉）。外務省時代には人事課長まで務めあげたエリートで、「鬼の人事課長」と呼ばれていた。プライドが高いから、トップにしないと納得しないだろうという社内の配慮も働いたようだ。

「帝国が欧州、オークラが米国なら、ウチはこれから伸びる国をやろう」と考えた米太郎は、共産圏の東側諸国や新興国に照準を合わせた。やがてニューオータニはソ連・東欧関連のビジネスを独占し、さらに中国へとつながっていく。１９７２年の日中国交正常化より前に、中国外交部が臨時大使館を本館に置いていた。国交回復に反対する右翼勢力がなだれ込んできたこともあったという。

即位の礼で振る舞われた古谷春雄の代表作

ニューオータニを代表するシェフが古谷春雄である。１９６４年の開業時に入社し、初代料理長で後の初代総料理長となる小林作太郎に次ぐ調理課長に就任する。70年に小林が病に倒れると後を継ぎ、調理部長となる。

87年に総料理長と同時に専務取締役に就任。調理場からの専務昇格は業界初で、海外を含めても例がなかった（『日本経済新聞』１９８７年６月24日。当時、村上信夫が帝国ホテル常務、小野正吉がホテルオークラ常務だった）。総料理長は95年まで務めた後、最高料理顧問となっている。

古谷は帝国ホテルの村上信夫、ホテルオークラの小野正吉ほど知名度はないが、その理由の一つに、当時のニューオータニの調理スタッフのマスコミ嫌いがある。３代目総料理長だった福島は、小林について「取材が好きではなかった。開業当初は珍しいからメディアも集まったのだが、もう徹底して嫌われているから、いつの間にか来なくなった」と振り返る。

古谷は1921年、山梨県生まれ。実家は洋食も扱う食材店で、料理好きの母親が作ってくれるカステラや、しらす入りのオムレツが大好物だった。高等小学校（現在の中学校）を卒業してすぐに調理見習いとして川奈ホテルの調理場へ。そこでの料理長は長峯六郎。フランスに渡り修業した長峯からエスコフィエの料理を教わると同時に、「物を大切にする」という〝料理人の心〟も教わった。

古谷春雄

長峯から「料理の材料となる野菜は、それを育てる人や、ここまで運んでくる人と、さまざまな人の手を経て、やっといま調理場のまな板の上に載っている。料理人はそれほど大変な労力が費やされてきた材料を、決して無駄にしてはいけない。愛情を持って材料に接しないようでは、一人前の料理人にはなれない」と何度も聞かされた。その教えを忠実に守った古谷は、若い世代にも口うるさく指導した。帝国ホテルの村上信夫と同様に、「料理は愛情」が口癖だった。

長峯はホテルオークラの開業時に調理部長で、小野正吉（後にオークラの総料理長）の上司だった。川奈ホテルで古谷と同期だった杉山輝雄も長峯とオークラに移った。古谷が川奈ホテルから最初に移った先は日本橋倶楽部。日本橋界隈の旦那衆が会員のクラブで、調理場は料理長の古谷と7～8人のコックしかいなかった。

古谷は「仕事というのは、小さいところでも、二流、三流のところであっても、そこで全力投球を常に心がける」という信念を持っていた。その仕事ぶりを評価した会員の一人が、ニューオータニに古谷を紹介したのだという。その直前に古谷は帝国ホテルでも3年間勤務していた。

ニューオータニでは、古谷と福島がナンバー1、ナンバー2として二人三脚で調理場を切り盛りした。各ホテルからの寄せ集め所帯で派閥ができなかったのは、古谷の存在が大きいとする福島は言う。「温和な気質、優しい気配り、仕事に対する柔軟性の中にも、すさまじい意志の強さ、頑固さを持ち合わせていた」

古谷の真骨頂は魚料理で、開業当初から多種の創作料理を考案し、「食のニューオータニ」の評価に寄与した。代表作「甘鯛のポワレとフカヒレの姿煮」は、ニューオータニがメイン会場となった東京サミットや、１９９０年の平成天皇即位の礼の際の晩餐会でも振る舞われ、高評価を受けた。

同メニューをさらに昇華させ、２０１９年の晩餐会でも一夜限りの復活を果たしている。古谷は２００６年に死去したが、晩年まで腕におごらず、謙虚さを失わない人柄だった。

1990年の晩餐会で振る舞われた料理。
左下が「甘鯛のポワレとフカヒレの姿煮」

起死回生のお正月プラン

小売業界では2月、8月を「ニッパチ」と呼び、忌み嫌う。集客や売り上げが落ち込むためで、小売業や外食に2月決算が多いのは、社内に余裕がある時期を決算期末にしたからだ。ホテルのニッパチも例外ではなく、この時期は宿泊客が少ない。さらに、ビジネスパーソンが休みを取って故郷に帰ってしまう年末年始も、シティホテルには鬼門だった。

五輪後に客足の落ち込んでいたニューオータニでは、開業直前に発足していた営業企画課で岩下純子らが新企画の発案に頭を悩ませていた。「スタッフは上司と先輩と私の３人だけ。『何かアイデアない？』と言われて、必死で考えた」

まず考えたのが、都心に人がいなくなる年末年始に客を集める方法はないかということだ。岩下が思い出したのは、ホテルに宿泊したことがない主婦のぼやきだった。

「正月になると、上司のお宅へ部下がお年始に行く。料理を作ったり酒を出したり、忙しいのは奥様」。その負担をホテルがなくしてあげれば、と考えたのが「正月プラン」である。家族単位で正月をホテルで過ごす3泊4日の「金扇」、2泊3日の「銀扇」が66年の正月に向けて編み出された。イベントや飲食を充実させ、ホテルにいるだけで楽しめるように設計した。「そこのお家が『私たちはホテルに行って泊まりますから』と言えば、部下も年始に来なくて済む」（岩下）

国内向けのプランではあったが、海外客へのアピールもおろそかにはしなかった。大みそかには芙蓉の間に大型スクリーンを設置して紅白歌合戦を放映し、外国人のアシスタントマネージャー夫妻が司会を務め、盛り上げた。夜には年越しそばを振る舞い、元旦にはブルースカイラウンジからの初日の出を眺め、各レストランではおせち料理を振る舞った。

バスをチャーターして深川の七福神めぐりや成田山への初詣ツアーも行い、岩下が自ら添乗員を務めた。ホテルでは縁日が営まれ、「花魁《おいらん》道中」や「獅子舞」も催された。行楽地のリゾートホテルではなく、都内のホテルで正月を過ごす試みは業界初で、初年度は催し物も少なく、ゲストの満足度が気になったが、試行錯誤を繰り返した。岩下たちが踏ん張り、定着させていった。

企画は年々バージョンアップされ、泊数の多いプランも加えられていく。バナナのたたき売りなど現在まで続いている催し物もある。お正月プランは国内各ホテルに広く追従され、ホテル業界の定番プランとなっていく。

「ニッパチ対策」も岩下たちが知恵を絞った。8月にはガーデンプールを活用したサマープランを設定した。冬の2月にも行楽客は少ないが、大学などの受験生は全国を行き来している。そこで思いついたのが、「受験生プラン」である。岩下らが直接、各大学の教務課を訪ねてプランを説明した。

願書の封筒に記された地方出身の受験生の住所・氏名を、教務課の許可をもらって手書きで写し取り、ホテルに戻って案内を送付した（現在は実施していない）。都内の主要大学を1校ごとにファイルして、地図付きの交通便覧を作成。受験当日の朝は特製のランチボックスを受験生に渡し、バスで大学まで送っていった。夕食・朝食付きで料金は１人７０００円。受験生の相談に応じる「受験生コーディネーター」も翌年から設置された。

１９６６年には屋外プール「ガーデンプール」やガーデンバーベキューが開業。証券不況から日本経済が立ち直るのが早かったこともあり宿泊客が増え、ニューオータニは開業４年目で黒字化を達成する。

10年で早くも2000室に

ホテルニューオータニは、１９７０年前後には稼働率が連日１００％を超えるようになる。64年入社の末政篤郎は、「夜の時点で翌日の客室がオーバーブッキングなので、昼間の仕事はほかのホテルの空いている部屋をキープすることだった。新婚のお客様もほかの旅館に回して、地方へ営業した際に『おたくはうちの新婚のお客さんをほかに回した。おたくとは付き合わない』と旅行代理店から言われるようなケースもあった」と振り返る。

巨大なキャッシュマシンを得たことで、ニューオータニは積極的に系列ホテルを開業する。70年に富山県黒部市宇奈月温泉に宇奈月ニューオータニホテル（現・黒部・宇奈月温泉 やまのは）、73年には湯沢ニューオータニホテル（現・湯沢ニューオータニ）が開業する。そして、東京でも本館に次ぐ別館の建設にとりかかる。

実は大谷米太郎は、64年にニューオータニが開業した当初から、別館として高層タワーを建設し、産業別ショールームやホテル機能のある貿易センターを構想していた。開業10年目となる74年の完成を目指し、72年にタワーが着工する。

建築は再び大成建設で、今度は平島が責任者となった。64年の本館の後も竹波と二人三脚でさまざまなプロジェクトに携わっていた平島は、竹波の目指した「建築の工業化」「性能の質のレベルアップ」にこだわり、オータニ系列の五反田ＴＯＣ本社ビルを手がけ、「プレハブでは東洋一」との評価を得ていた。「ニューオータニから、続けて１０００室を希望された」

ガーデンタワー（右）

外観デザインは本館とのバランスが最重視された。より高い新館と、それよりは低く横に広い本館との距離感のバランスが図られた。ガラス張りでゴールドの本館に対して、タワーは白亜色で丸みを帯びた柔らかいデザインとなり、安らぎのムードを表現している。タワー内部の廊下は中央のエレベーターから各翼端まで約30ｍと歩行距離を短くし、縦動線によるサービスの迅速化と省力化が図られた。

平島が「プレハブ化の総まとめ」と自負するタワーは、「ＳＲＣ積層工法」で施工された。下から1階分の鉄骨柱を建てて床板、階段を敷き、同時に外壁を取り付けていく。建てながら設備配管や仕上がり工事にとりかかることができるため、従来工法の３分の２の工期で施工することができる。

平島は、まず地下階に工場を造って半製品を製造し、現場で組み立てていく方式をとった。「床、バスルームからすべてコンクリートで造り、クレーンで組み立てていった」。1フロア約1週間で、全体を1年半ぐらいという異例のスピード工事だった。

ちなみに、本館は２０１７年に耐震補強のリニューアルが完了している。「改修工事の設計のために調査した日建設計から『十分耐えられる』と評価され、大谷和彦（現）社長も『安心した』と言っていた」

タワー建設によってできた６ｍの落差を利用して、日本庭園には巨大な滝が整備された。３～５ｔの82個の組石と、玉石５ｔで構成されており、地下水と循環水を使用し、その水が赤坂見附の弁慶堀にも供給されている。

タワーと本館の渡り廊下に「ガーデンラウンジ」や宴会場「鳳凰の間」もオープンした。「芙蓉の間」に次ぐ大宴会場である鳳凰の間は、日本庭園を見下ろす立地が婚礼会場としても人気を博した。タワーの１〜２階にショッピングアーケードも開業し、安定的なテナント収入が景気の影響を受けやすい宿泊や宴会、料飲の収益を補った。

ガーデンラウンジの廊下は２００ｍにおよび、設計段階では動く歩道を設置する案もあったのだが、米国人設計者ウィリアム・テブラーのアドバイスで、歩いてゆっくり日本庭園を眺める構造に変わった。

西海岸レストラン「トレーダーヴィックス」

タワー建設中の１９７３年５月に門脇は会長となり、米太郎の息子、大谷米一が社長に就任する。米一は１９１６年生まれで早稲田大学商学部を卒業し、63年にニューオータニへ入社した。ニューオータニの敷地が大谷邸だったころは、紀尾井町で暮らしていたこともある。「庭園でゴルフの打ちっ放しをしてみたら、ボールが端まで届かなかったと言っていた」（佐々木）

絵心もあり、「バー　カプリ」の絵も自ら選定したという。米太郎から帝王学を叩き込まれ、学生時代に大谷鋼業の羽田工場長を任されている。計数や在庫管理を間違えると、元相撲取りの張り手が飛んできて体が吹っ飛ばされたという。

米一は門脇と、タワーの中に国際的なレストランを誘致する計画を進めていた。海外からの調理技術やレストラン運営の技術援助が目的であり、候補に挙がったのは米国西海岸の「トレーダーヴィックス」で、すでに国際的な一流レストランとして展開していた。

トレーダーヴィックスは、ヴィクター・バージェロンが１９３４年にカリフォルニア州オークランドに開業した酒場「ヒンキー・ディンクス」がその始まりだ。バージェロンはバーテンダーとしての技術を向上させるためにキューバを巡り、ラム酒の微妙な違いを探求するために世界各国を旅してハワイにたどり着く。

ハワイの暮らしや文化にはまり、米国へ帰ると37年にヒンキー・ディンクスを南の島をイメージした店に改装した。店名も「トレーダーヴィックス」に変え、ラム酒も提供し始める。44年にはラムベースのカクテル「マイタイ」を発明している。

トレーダーヴィックスが提供するアイランドスタイルのプレート料理は、欧風の料理と一緒に中国料理も提供し、米国フュージョン料理の先駆けとなる。バージェロンは、今度はスパイスを極めるための旅を続け、店の料理にも積極的に取り入れた。現在でも地中海、

トレーダーヴィックス店内

中東、アジア、日本といった世界各地の料理からインスピレーションを受け、常にメニューを進化させているという。

最初のフランチャイズ店はワシントン州シアトルに40年にオープンし、63年にロンドンにも出店している。バージェロン自身が入念な市場調査を行い、ここぞという場所でしか契約を進めなかったが、東京進出に際してはニューオータニが選ばれたのだ。

バージェロンは「ヒルトンホテル系やニューヨークのプラザのように高級ホテル内にしか店を持たない方針を維持しています。ホテルニューオータニはこの点、文句なしに一流だし、特に門脇季光会長、大谷米一社長の人柄に魅力を感じたことも大きな要因といえますね」（『日経流通新聞』１９７４年11月14日）と語っている。

タワー４階の店内はアイランド＝島をイメージして、世界の島々から集められた工芸品が飾られている。トンガの手描きのタパクロス（樹皮布）が貼られ、フィジーやニュージーランドの先住民であるマオリが作った巨大なティキ像が飾られ、天井からは古代ニューギニアの工芸品や実物大のアウトリガー（浮き材）が吊り下げられている。トレーダーヴィックス本部の人類学を専門とするチームが世界各地を巡り、常にコレクションを充実させている。

トレーダーヴィックス以外のレストランとしては、40階に「レストランバルゴ」「タワーグリル」「トップオブザタワー」が、ロビィ階には「紀尾井　なだ万」がオープンした。「バー・シェヘラザード」「バーブドゥール」もロビィ階のバーとして開業。また「大観苑」が本館16階へ移転し、「ブルースカイラウンジ」は中国料理ビュッフェレストランに衣替えした。

米一の独特な金銭感覚

タワーの開業と同時に、フロントのオペレーションも大きく進化した。コンピュータが導入され、２０５７室でありながら５００室規模のホテルと同等のサービス水準が目標とされた。会計業務や入力業務をカウンターからバックスペースに移した。また、ルームキーは小型化され、客は外出時もフロントに預けず、常に持ち歩くように変えて効率化している。

２０００室を埋めるために、米国など海外からも医者の会やロータリークラブ、ライオンズクラブなどの団体客を積極的に誘致した。部屋数が増えたことによって、ホテルの事業の中で一番利益率の高い宿泊収入の割合が圧倒的に多くなり、キャッシュフローが急改善した。

装置産業であるホテルは年間の減価償却額も大きい。タワーを造った直後ならなおさらだ。本館の償却がまだ終わらないうちにタワーを造ったから、年間の償却額が膨らむ。これは会計上の損失で実際に現金が出ていくわけではないから、手元にはキャッシュが貯まっていくのだ。

資金は新たな設備増強や、グループの新ホテル開業に役立った。74年9月にはタワー付属棟を増設し、ファッションプラザ「サンローゼ赤坂」がオープンする。75年10月、ホテルニューオータニ鳥取が開業。76年9月にはホテルニューオータニ佐賀が開業し、10月には米ホノルルのニューオータニカイマナビーチホテルが運営を開始した。

米一はホテルの運営の現場にはほとんど口を出さない社長だった。秘書を務めた岩下によれば「シャイでおおらかな人」で、社内からも「本当に優しい人」と評されている。

岩下氏（左）と佐々木氏（右）

「僕はホテルの素人だ。だからホテルのこと、サービスに関しては何も言わない」が口癖で、総支配人の岡田吉三郎など部下に任せていた。タワー建築中も「僕が行くと目について、ここを直せとかあそこを追加しろと言ってしまって、予算がどんどんどんどん膨らむから」と、工事現場にも姿を現さなかった。

ただし、企業経営については厳しい哲学を持っていた。「毎日の売上表を社長室に持っていくと、それをじっと見て、数字だけで『おかしいな』と思うと、総支配人を呼んで数字の確認と対応策の申し送りをした」（岩下）

米一は自分のやり方を好きな酒にたとえて「コップの縁論」と呼んでいた。「コップの中にお酒が入っているとすると、コップの縁に立って経営をしているんだと。コップの中に入ってしまうと外が見えなくなるが、縁にいると外が見える。中（現場）で何が起こっているかわからなくなったら部下を呼んで指示を出す、そういう経営の仕方だった」（佐々木）。細やかで人のことをちゃんと見ていて、「命じたことをやっていないとものすごく怒られた。めったに怒らないから震えるぐらい怖かった」（岩下）。

米一の趣味は囲碁で、「負けん気というか、対抗心が強い人で、せっかちな性格もあり、すごい速さで指すケンカ碁だった。一番になろうという意志がものすごく強い。だから、売り上げも利益も、当時の経営指標のすべてでニューオータニが業界トップだった」（佐々木）。オーナー社長としての個人収入も日本のトップ10に入り、西武グループの堤義明とともにインタビュー記事が米『フォーブス』誌に掲載されたこともある。

ニューオータニは１９７６年に迎賓館のサービス受託を開始し、名実ともに「御三家」の仲間入りを果たす。また、79年の東京サミットでは主要会場に選ばれ、参加国（米英独加仏伊）の首脳はすべてニューオータニに宿泊した。６月20日から月末まで全館が貸し切りとなり、宴会場をすべて使ったプレスセンターが設置された。

１９８１年には、国内最大の多目的大規模ホールである「鶴の間」が開業する。７４２坪、２４５２㎡で、３０００名の会議、１８００名の正餐、３５００名の立食パーティーが可能なもので、同階にある既設の「芙蓉の間」「鳳凰の間」と合わせて１万名規模の会議が可能になった。また、同年に６５００㎡の屋上庭園も造られている。

フランス三つ星レストランを誘致

東京ディズニーランドが開業した1983年、ニューオータニは84年の20周年に向けて新たなレストランを誘致する。フランスの三つ星レストラン「トゥールダルジャン」である。その発端はトップの奇遇から始まった。

「世の中が量から質、クオリティ重視に変わる流れを先取りして、2000室で規模を追った後はクオリティで日本一になる。そのためにはトップのフランス料理を持ってくる、というのが米一社長の考え方だった」と語る佐々木が、83年のゴールデンウィークに米一とJAL機でパリへ向かう途中の出来事だった。

当初の目的はパリの別のレストランの視察で、佐々木がエコノミークラス、米一夫妻がファーストクラスに座っていた。そこで米一の隣に居合わせたのが、トゥールダルジャンのオーナー、クロード・テライユだった。

トランジット待ちのモスクワ空港のバーで米一と落ち合った佐々木が聞いたところ、テライユはヒルトン東京に出店するつもりで来日したが、条件に合わず帰国する途上という。米一はちょうど絵画を購入する目的もあったので、フランス語の話せる画商を同行させており、通訳させながら会話して意気投合したのだという。

米一と佐々木が急遽予定を変更してトゥールダルジャンに行ってみると、ノートルダム寺院が見下ろせる店で、米一夫人が鴨の料理が絶品だと気に入った。「もう一つの候補のフランス料理店も見に行ったが、大したことはなかった」（佐々木）ため、トゥールダルジャンが84年にオープンすることに決まった。現在でも、世界唯一の支店がニューオータニである。

トゥールダルジャン店内

開業時からの日本代表総支配人、クリスチャン・ボラーは、「昭和天皇が皇太子時代の１９２４年にパリ本店にお立ち寄りくださった。その約50年後にはご夫婦で再びご来店賜った。政財界の方々も多く訪れ、日本という国に強い縁を感じていた」と語っている。

日本料理に強い興味を持っていたボラーは、「フランス料理の競争相手は料亭の懐石料理だ」と感じている。日本人客が好む伊勢海老に匹敵する食材としてオマール海老を思いつき、フランスから生きたオマール海老を輸入し、フランスでもやらない刺身に近い形での提供を目指して、さっと湯に通して氷に入れ、塩味にキャビアを合わせて提供するなどのチャレンジをした。

店の内装も、４００年の歴史があるパリ本店の３００年経た建物を単にコピーするのではなく、その空間に漂っている空気のような見えないフランス人の精神すなわち「エスプリ」を伝えようと考えた。壁面のイメージを決める際も、「日本の伝統的な輪島塗の赤をフランス料理の壁面に伝えるならば、ブルボン王朝のシンボリックな色である濃紺だ」と考えて、シンボルカラーを濃紺とシルバーにまとめたのだという。

店内はフランスのいくつかの時代を巧みにコラージュしており、バーの壁面の肖像画はルネッサンス時代、ダイニングルームはルイ15世時代のロココ、バロック王朝などとなっている。たとえば「ルイ15世はベルサイユ宮殿を離れた邸宅に住み、食事も晩餐会のような堅苦しいものでなく、こぢんまりした心地よい食事のスタイルを好み、それが現在のフランス料理のベースとなっているから」など、時代選定にもすべて意味があるのだ。

トゥールダルジャンが成功して会長となっていた米一は、88年にフランスから最高勲章の「レジオンドヌール」の階級の一つ「シュヴァリエ」を受章する。授与式はパリ革命記念日の7月14日に東京・麻布のフランス大使館で行われた。

「軍装の軍楽隊がフランス国歌『ラ・マルセイエーズ』を演奏し、フランス国旗が揚がる。大使も古式ゆかしい軍服に着替えて、絹の上に載った勲章をつけるのだが、男にも抱き着いてキスをするやり方で、会長の大谷はキスされたら『ウワー』と言って真っ赤になって、腰を抜かしてひっくり返りそうになっていた」（佐々木）。シャイな米一らしいエピソードである。

ニューオータニは１９８６年の東京サミットでもメイン会場となる。89年の大喪の礼では39カ国、即位の礼では約１６０カ国の首脳を迎えた。各国に処遇担当が割り当てられ、ホテル玄関の到着・出発時間が外務省や警察庁側から秒単位で決められ、国際儀礼（プロトコル）に従って順番に送り出すのがホテルの重要な役割だった。

　空いている部屋を利用して客の飲み物をすべて準備したところ、大使館関係者から「ここまでサービスしてくれて感謝している」と言われたという。打ち上げの席で米一は「一つのことに向かっていくときのホテルニュー

即位の礼 晩餐会（1990年11月13日）

オータニのパワーは素晴らしい。今回は大成功に終わった」と従業員をねぎらった。

3棟目はオフィスビル

平成時代に入り、ニューオータニは3棟目のビル建設に乗り出す。91年2月にオープンする「ガーデンコート」である。米一は「ザ・メイン（本館）で高級都市型ホテル、タワーでサンローゼ赤坂（ファッションプラザ）を造ったので、次はオフィスだと考えた。せっかくホテルがオフィスを経営するのだから、特徴を生かしたい。それがレストラン街であり、宴会場だ」と話している。

当時の入居テナントのなかでは、和食店が流行っていた。宴会料理でも和食の評判がよかったため、ニューオータニ初の料亭「千羽鶴」を直営で開業した。また、大谷米太郎が収集した肉筆の浮世絵や米一が収集した西洋画などを展示する「ニューオータニ美術館」をガーデンコート6階にオープンした（マリー・ローランサン美術館への衣替えを経て、現在は休館）。

ガーデンコートは、米一の息子である大谷和彦が代表取締役副社長として関わったプロジェクトでもある。和彦は１９４６年生まれで、69年に慶應義塾大学経済学部を卒業後はトーメン（現・豊田通商）に入社した。

71年12月にトーメンを退社してオータニプランニング社長に就任。81年6月からホテルニューオータニの取締役となり、84年から専務総支配人に昇格。そして87年に代表取締役副社長に就任している。歴史物、戦記物を読むのが好きで、座右の銘は「和楽（安らいだ心で楽しく過ごす）」だった。

『週刊東洋経済』88年4月23日号で、和彦はガーデンコートについて「海外に手本はなく、独自の道を追求しなければならない。オータニは、第二タワー（ガーデンコート）を軸に新しい道を歩む。宿泊、プラザ、会食、ショッピング、スポーツそして情報と東京のホテルに求められているあらゆる機能を提供する」と述べている。

ガーデンコート

その後のバブル崩壊でホテル業界は停滞期を迎えることになるが、ガーデンコートは帝国ホテルのタワー館と同様、安定的な不動産賃貸収入でニューオータニの赤字転落を防ぐ役割を果たした。

91年10月にニューオータニはマリオットとの業務提携に調印する。相互送客が主眼で、2008年3月末まで提携関係は続いた（現在ニューオータニは独立系ラグジュアリーホテルが中心の「プリファードホテルズ＆リゾーツ」に加盟している）。

米一から和彦へのバトンタッチ

1993年6月に米一が会長に就任し、和彦が副社長から社長に昇格する。翌7月には3回目の東京サミットが開催され、ニューオータニは3度目のメイン会場となる。事前に宴会場「桜」「椿」「橘」が改装され、車列シミュレーションなどの訓練も万全を期した。エレベーターのオペレーターにはポータールームから無線で指示が出て、首脳や閣僚の移動はすべてエレベーター操作で行われた。

G7（仏米英独日伊加）に加えて、ロシアの首脳・閣僚も来日した。ホテル内にはプレスセンターが設置され、24時間営業のプレス用レストランも「鳳凰の間」に設けられ、1日8000人が訪れた。サミットの接遇の大半を1社のホテルが行うのは世界的にも例がなかったが、ニューオータニの経験の蓄積が奏功し、外務省から「未だかつてない成功」

との謝辞を受けたという。

93年9月にはホテルニューオータニ幕張が開業する。バブル崩壊後であり、総工費518億円をかけた建設を巡って親子の意見が食い違ったプロジェクトだけに和彦の思い入れは格別で、毎週幕張に通って状況の把握に努めた。

OB評によれば「米一社長が、ホテルの運営にはタッチしない俯瞰した経営者だとすれば、和彦社長はホテルをしっかりと運営・経営していくタイプ」という。

『週刊東洋経済』94年5月14日号の新トップ紹介欄「人」で、「ニューオータニの歴史は拡大の歴史。縮み志向はあまりなかった」と振り返っている。米一は会長職のまま、95年に逝去する。享年78であった。

ガーデンコートで大型施設の増強は一段落し、既存設備の改装や充実に重点が移る。キリスト教式婚礼の増加に対応して、1990年9月にリニューアルしたイタリアンスタイルのチャペル（教会）に続いて、「ものの間」を改装して2つ目のチャペルとする。さらに96年4月には日本初の1ホテル内3チャペルとなる「アトリウムチャペル」がオープンする。

和装婚のための神殿にも手を入れた。97年2月には「幸福殿」を1億円かけリニューアル。一般のホテルの３倍の１０４席の参列席を持ち、ウエディングドレスでの挙式も可能。施設管理部が契約インテリアデザイナーの柴田嘉夫と伊勢神宮を見学した後、２カ所の神殿を一つにまとめ、鳥居に加えバージンロードとしての参道がある神社そのものへの改装を行った。枯山水や竹を取り入れた庭を造り、高貴なイメージの紫のカーペットにひのきの香りが満ちる、シンプルでさわやかなデザインとした。

１９９４年には20〜30代女性のための会員組織「レディースクラブ」（現・New Otani Ladies）をつくった。他の女性向けクラブと差別化するため、当時の入会はすべて紹介制に限られた。宿泊３割引、レストラン1割引で、スタンプ50個でホテル利用券がもらえる特典があった。

96年10月からはレディース宿泊プラン「淑女の休日」が発売される。プライベートを自分のスタイルで楽しむプランで、３カ月間で１０００室以上を売り上げた。タワー館21階にはハーブティーを楽しめる女性専用ラウンジ「レディースラウンジ」も設置した。

１９９８年には「ピエール・エルメ パティシエ」（現・ピエール・エルメ・パリ）がオープンする。世界最高のパティシエとの呼び声が高いピエール・エルメのペストリーブティックの海外第1号店だ。97年３月にエルメをニューオータニに招いてデザートフェアを開催したことがきっかけで、内装とディスプレイはエルメの世界観を表現するためにパリでデザインされた。店にはエルメの右腕といわれるパティシエが常駐している。

レストラン「SATSUKI」入口横に「パティスリーSATSUKI」も同時オープンした。当時シェフパティシエだった中島眞介（現・取締役調理部長）は、「カスタードクリーム、パイ生地、マカロンのすべてに一級品が求められ、エルメさんが試食して完璧と判断できる商品以外はゴミ箱に捨てられた」と語る。

ピエール・エルメ パティシエ
（現・ピエール・エルメ・パリ）

そして１９９９年には、ガーデンプールの夜間営業が始まる。「日焼けをしないアウトドアプール」として若い女性向けにナイトプールを考案したもので、２０１５年ぐらいから人気を博し大挙して押し寄せ、現在ではインスタ映えを狙うＳＮＳ女子の夏の風物詩になっている。

２階デッキテラスのプールサイドダイニング「アウトリガー」では、オールデイダイニ

ナイトプール

ング「SATSUKI」自慢のメニューが水着のまま味わえるほか、プレミアムゾーンには1日1組限定のラグジュアリープライベートコテージ「スーパーカバナ」や、プレミアムシート「ルアーナ」、プライムシート「ワレア」があり、専任スタッフによるサービスとシャンパーニュをはじめとしたドリンクのフリーフローが楽しめる。

本館の保存とエコの両立

客室の改装も段階的に進められた。１９９６年にザ・メインの客室改装が完了。２０００年から約2年でタワーの客室改装も開業以降初めて行われる。アーバンリゾートをコンセプトに、南仏コートダジュールをイメージした部屋を造り、風水学を取り入れたヒーリングルームもできた。

スイートルーム「クイーンスイート」には初めてガラス張りのバスルームを導入。また、ザ・メインにも浮世絵師・安藤広重をイメージした「プレジデンシャルスイート

（HIROSHIGE）」が設置された。日本庭園に面した癒やしをコンセプトに、開放的な大きなバスルームを有している。

同時期に、宴会場、チャペルも改装した。01年9月に日本庭園を眺めるチャペル「サンライズ・ガーデン」が誕生した。創業時からの大宴会場「芙蓉の間」も02年9月にリニューアルし、03年9月には「鳳凰の間」「翠鳳の間」が続いた。「edo ROOM」も和モダンの宴会場に刷新された。

２０００年代半ばに入ると、マンダリンオリエンタルやリッツ・カールトンなど外資系ラグジュアリーホテルが続々と進出する計画が発表され、ニューオータニも対応を迫られることになる。

選択肢は、①既存の建物を取り壊し、まったく新しいホテルを建築するか、②既存施設を改修して現代のニーズにマッチしたものに生まれ変わらせるか、の２つ。

役員会でもさまざまな案が検討されたが、建て替えによって大量の瓦礫が発生するとわかると、既存建築を残す方向に議論が傾いた。最終的には、開業以来初のザ・メイン（本館）の大規模改修に落ち着いた。

環境に配慮するのはもちろんだが、和彦がプライオリティの最も上位に置いたのは、

「建物を残したい」ということだった。ホテルオークラが、建物を再開発してもロビーを創業時そのままに保持しようとしたのと同様に、ニューオータニにとっては「東洋一の巨大ホテル」とうたわれた三ツ矢式建築の本館をできる限りそのまま保持することが、自身のアイデンティティの維持につながると考えたのだろう。

とはいえ単なるリニューアルではなく、快適性と安全性を追求したうえで環境への負荷を軽減した「ハイブリッド・ホテルプロジェクト」と名付けられ、耐震性の強化とともに屋上緑化などが導入される総工費１００億円のビッグプロジェクトとなった。

空調システムは刷新され、密封性と熱効率を高めた「エコガラス」を外壁のカーテンウォールに採用し、フルハイトウインドウで床から天井まで全面ガラス張りとなった。

ニューオータニの環境への取り組みは古く、創業時からさまざまな設備を導入してきた。本格的には、ガーデンコート開業の91年に「コジェネレーションプラント」が設置されたことで、現・総支配人の清水肇は「当時の光熱水道費、年間のエネルギーコストが21億円ぐらいあった。そこからエネルギー使用量を減らし、リサイクルで産業廃棄物も抑える努力を始めた」という。

そして２００７年10月にはエネルギー高効率利用空調システム「ＡＥＭＳ（エイムス）」

が稼働した。「通常の空冷式では、部屋の中が涼しいと建物の外は非常に暑くなる。そこで水冷式にした」(清水)

客室の個別空調のニーズにも応えながら、チェックイン/アウトと空調のオンオフを連動させることで無駄な運転を省いた。客は細かい温度設定、湿度や風量をカスタマイズできる。フルハイトウインドウは2枚のガラスで乾燥した空気層を挟み込んだ3層構造とし、熱伝導と紫外線遮蔽率を5割カットした。「21億円のエネルギーコストを17億円弱に減らせた。その後、原油価格の高騰や円安でコストが上がったので、経営的にも手を打っておいてよかった」と清水は語る。

屋上緑化にも取り組んだ。00年には鶴の間の屋上に英国人フローリスト、ケネス・ターナーのプロデュースによるレッドローズガーデンがオープン。大谷家の屋敷だった時代にも同じような位置にバラ園があったことにちなんでおり、「いつの日かもう一度美しいバラの庭園をよみがえらせたい」という生前の米太郎の夢が実現した。

外資系ラグジュアリーを迎え撃つホテル・イン・ホテル

07年のリニューアルでは、ザ・メイン正面玄関の張り出し部分と、2階と16階の屋上で、合計2800㎡を新たに緑化した。16階屋上で栽培されているミントは、最先端のオール電化で生まれ変わった17階の回転展望レストラン「VIEW & DINING THE Sky」にて、カクテルにして提供された。

建て替えではなく改修にとどめることが決定されたなかで、どうやって世界最高峰の外資系ラグジュアリーを迎え撃つか。そのキラーコンテンツとして考えられたのが、「ホテル・イン・ホテル」である。ニューオータニの中に「エグゼクティブフロア」として、いわばスーパーラグジュアリーホテルを新たに開業してしまうもので、ザ・メイン11〜12階はフロアすべてをゼロから造り直すことになった。

ホテル・イン・ホテルは「エグゼクティブハウス 禅」と名付けられた。名付け親は和彦である。同じころ、アップルが開発したiPhoneも、禅に傾倒するスティーブ・ジョブズが無駄を極限まで排除したデザインとして発表されたが、当時は現在ほど圧倒的な世界シェアをiPhoneが占めるとは確信できない時期である。和彦の先見の明といえよう。

新サービス・新商品のネーミングを大谷一族が行うのは創業来のニューオータニの伝統で、先代の祖父や父よりも食にこだわる和彦は、現在まで続く人気商品であるデザートの「スーパー」「エクストラスーパー」シリーズの名付け親でもある。

当時、ニューオータニの社内にエグゼクティブフロアのノウハウはなかったので、スタッフは都内や香港のホテルを視察して検討した。

デザインは、ニューオータニに和モダンのコンセプトを導入した柴田嘉夫が引き続き担当し、内装から食器までトータルコーディネートした。タオルやシーツ類（フレッテ製）、アメニティ（オリジナル石鹸）やお茶などの備品もすべて刷新された。

「エグゼクティブハウス 禅」のガーデンスイート

サービスについては、「和」をコンセプトに、ホテルでありながら和風旅館の番頭や女将がするようなおもてなしを目指した。専用ラウンジでチェックイン・チェックアウトができ、専任スタッフがコンシェルジュとして客の要望に応える。ラウンジでは、仏『フィガロ』誌で「世界一のクロワッサン」と称された「ピエール・エルメ・パリ」のクロワッサンを3日かけて焼き上げて提供している。

07年に87室でオープンした後も、自己研鑽《けんさん》は続いている。フロントオフィス課の関秀玄《ひではる》は、「禅」の固定客から「何かが足りない。番頭さんや女将さんなどの和風旅館らしいサービスが、『禅』では感じられない」と言われ、その客の知己である神奈川・湯河原の旅館「海石榴《つばき》」を訪れて接客、応対、サービスを学んだ。副女将からは、客室に入った後の会話のきっかけづくりやノウハウを教えてもらい、後に「禅」にも宿泊してもらって、ラグジュアリーホテルのノウハウを持ち帰ってもらったという。

「禅」の客室単価は最低でも５万円台からと、外資系ラグジュアリーに負けない価格帯を維持している。同年９月にはイタリアの修道院をモチーフにした「チャペル プリンチパーレ」がオープンしている。

２度目の東京五輪へ向けた大規模リニューアル

２０１９年９月１日の開業55周年に加え、10月22日の即位礼正殿の儀、翌23日の内閣総理大臣夫妻主催晩餐会、そして日本にとってもニューオータニにとっても２度目の東京五輪に備えて、２０１７年から段階的なリニューアルを進めてきた。

17年10月には外国人観光客向けに26㎡の「新江戸シングル」を設置。江戸時代の文様を施した室内にヒノキ風呂、厳選された日本酒がある一方で、タブレット端末や４Ｋテレビなど最新テクノロジーでメトロポリタン東京が満喫できる仕様になっている。18年11月には「新江戸スタンダード（36㎡）」「新江戸デラックス（45㎡）」も加わった。

２０１８年1月には「禅」の開業10周年企画として、エグゼクティブラウンジで1日6回のフードプレゼンテーション（提供料理の入れ替え）がスタート。伝統のダブルコンソメスープや「ピエール・エルメ・パリ」のクロワッサンに加え、エグゼクティブラウンジでしか味わえない燻製シマフグや赤酢稲荷、薬膳薬味粥などが提供されている。

新江戸スタンダードのヒノキ風呂

「禅」は２０１９年から単体でアメリカン・エキスプレス（ＡＭＥＸ）の「ファイン・ホテル・アンド・リゾート（ＦＨＲ）」に選ばれている。ＡＭＥＸのプラチナカード会員の特典として、宿泊する際に割引などが受けられるもので、世界でも最高級とＡＭＥＸが認めたホテルだけが対象となる。本来、御三家のような部屋数の多いホテルは対象外で、帝国ホテルすら現在選ばれていないのだが、「禅」は客室への専用エレベーターなど動線を分けたことなどが評価された。

同年には世界的に権威のある「フォーブス・トラベルガイド」にて４つ星を獲得。翌２０２０年2月には、国内系ホテルとしては2例目となる最高評価の５つ星を獲得している。

19年6月にはVIEW & DINING THE Skyがリニューアル、和洋中のジャンルを超えた日本の最新食が集うビュッフェダイニングに生まれ変わった。残念ながら回転ラウンジは停止したが、３６０度の眺望は健在だ。

同年7月には、ガーデンタワーのスイート、デラックスルーム計90室をリニューアルし、カーペットやクロス、ファブリックにはやはり日本の伝統模様をモチーフにしたパターンを採用している。

また8月には、「芙蓉の間」も「江戸の森羅万象」をコンセプトにリニューアル。カーペットは濃淡の墨色の上に、歌舞伎にちなんだ流水紋、松、鶴、牡丹紋などの伝統模様が描かれており、書や墨のしぶきも織り込まれている。化粧室やクロークも改修され、授乳室も新たに設置された。

即位の礼　晩餐会のメニューを提供

２０１９年10月23日、ニューオータニは平成（１９９０年）に続いて2度目の即位の礼晩餐会の会場となった。民間ホテルでは史上初となる１９０カ国の代表が出席する晩餐会で、提供された食事も贅を尽くしたものだった。

即位の礼 晩餐会（2019年10月23日）

基本コンセプトは「八面玲瓏《はちめんれいろう》」（四方八方どこから見ても透き通っていて、美しく明らかであること）として、人々がわだかまりなく親しみ合う様子を表しており、新元号・令和の「人々が心を寄せ合うなかで文化が生まれ育つ時代となるように」の意味付けと符合している。

料理は日本古来の和の食材に洋の食材を取り入れることで、悠久の歴史と薫り高き文化、四季折々の美しい自然を引き継ぎながら、新しい文化を受け入れ新たな伝統を生み引き継いでいく姿勢を表現している。２０１９年に55周年を迎えたニューオータニの伝統と、開業以来のＮＥＷ（進取の精神）を具現化している。

ニューオータニでは２０２０年４月から、この晩餐会の料理（６皿）を婚礼用にさらに昇華させた４皿を「令和記念メニュー」として東京・幕張・大阪の各ニューオータニで提供している。グランシェフ・中島眞介の「記念すべき祝宴でのひとときを、料理のサービスで遮ることがないように」との配慮から、通常は６〜８皿で構成されるコースメニューをあえて４皿に集約している。そのメニューを紹介しよう。

①珠玉の美味極み前菜　悠久の巌盛り　プレミアム出汁スープ

「八面玲瓏」の八にちなんで、和洋折衷の八寸で構成されている。車海老、鮑などの祝いの食材に金箔などをあしらっている。まるで岩を切り出したような荒々しい有田焼の陶器の上に盛り付けられる。プレミアム出汁スープは日本料理の料理長である宮田勇が考案したもので、昆布と鰹節に鮪節などをブレンドし、「夫婦円満」の縁起物である蛤の出汁も使われている（宮田は19年度の「卓越した技術者（現代の名工）」に選出されている）。

②仔羊と黒トリュフの華麗なるパイ包み焼き
シリアルリゾット添え　紫蘇香るソースとともに

令和記念メニュー

メインディッシュは赤い有田焼の皿に載っている。公的な晩餐会で使用される仔羊を黒トリュフとパイで包んだもの。付け合わせには栃木県産の無農薬野菜を使用している。リゾットは、東日本大震災の被災地である岩手県軽米町産の雑穀米を独自にブレンドした「Ｊシリアル」をサフランで味付けしてある。

③海鮮バラちらし　蜆《しじみ》すまし汁

有田焼の器に12種類のネタを宝石のように配した海鮮ちらし寿司で、酢飯には江戸前寿司伝統の赤酢を使用。すまし汁には、粒の大きい蜆を厳選している。

④SATSUKIスイーツコレクション　和栗のモンブラン仕立て

八丈島ジャージーミルクジェラート添え

パティスリーSATSUKIの人気メニュー「スーパーモンブラン」と同じ国産和栗のマロンペーストを使用したデザート。くず餅の老舗「船橋屋」の「くず餅乳酸菌®」を豆乳と合わせた「豆乳葛」を忍ばせてあり、中央部には熊本県産の和栗の甘露煮を配している。ヘーゼルナッツを散らし、上にミルクジェラートが載っている（旬の食材を四季に応じて採用し、春はマスクメロン、夏はマンゴー、冬はあまおうを使ったデザートとなる）。

ニューオータニの現在の客室数は１４７９で宿泊人数２７６８名、レストランとバーが37カ所（直営18、テナント19）で計２７２８名、宴会場は33カ所で計６２４４名収容。この体制で東京五輪まで突っ走るニューオータニだが、やはり２度目の経験となる大阪万博やその先の未来に向けて、オリンピックが終了した後は大規模再開発を含む抜本的な次世代戦略の登場が近いとの見方も出てきている。

第5章　帝国ホテル　後編

――守るべきもの、変えるべきもの

帝国ホテルのレシピ集を完成させた村上信夫

帝国ホテルの新本館建設中の１９６９年、２度目の欧州研修から戻った村上信夫が第11代料理長に就任する。村上は70年には取締役料理長となり、96年まで26年以上、帝国ホテルのすべての料理を統括していく。役員会議もコックコートで通し、在任中も、また逝去した２００５年以降も現在に至るまで社員から「ムッシュ」と呼ばれる人物である。御三家の他ホテルでも、調理場出身の取締役はコックコートを着ている。

村上は１９２１年生まれ。39年に見習いとして帝国ホテルに入社する。55年に料理研修で欧州へ留学。犬丸徹三社長に留学の打診を受けた村上は二つ返事で「よろしくお願いします」と受諾したため、犬丸から「家族に相談しなくていいのか」と逆に驚かれたというエピソードを持つ。

ベルギーの日本大使館でコックとして約1年半勤務した後、57年からパリのホテル・リッツでエスコフィエの愛弟子アンリ・ル・ジュール料理長に師事した。「インペリアルバイキング」のために北欧スモーガスボード料理のノウハウを持ち帰った後、58年8月に37歳で新館料理長に就任する。64年の東京五輪では、男子選手の選手村のレストラン「富士

2代目総料理長の田中氏

村上信夫

食堂」の料理長を務めた。

また、60年からはNHKのテレビ番組「きょうの料理」にレギュラー出演し、お茶の間にも帝国ホテルとフランス料理の認知が広がった。

小学生時代にテレビで村上を見てシェフを目指したのが、2代目の総料理長となる田中健一郎である。「まんまると太った、本当においしそうなコックさんが出てきて、非常にわかりやすく、優しく教えていた。白衣も珍しくてインパクトがあった」

60年代ごろは、料理人は自分のレシピを弟子にすらなかなか開示しないため、レシピは教わるのでなく「盗む」ものだった。村上は料理長になってからは、この慣習の打破にも取り組んだ。それまでは口伝、秘伝だったレシピをみなが共有できるように、各料理人にレシピを提出させて整理して、帝国ホテルのレシピ集を完成させた。田中が入社した69年ごろには、盗んで覚えるような風潮はすでになく、先輩が後輩に「もっと早く覚えなくてはダメだ」と教える雰囲気に変わっていたという。

ある日、田中は村上から、「いままで食べた中で、一番おいしかった料理は何ですか」と聞かれた。答えられないでいると、村上は「それはね、お母さんが作ってくれた手料理だと思います。なぜかといえば、いい材料がなくても、いい道具がなくても、子どもにおいしいものを食べさせたい、という気持ちが詰まっているからなんです。料理というものは、いつだって心を込めて作らなければいけません」と語った。田中はこの教えを忘れたことがないという（田中健一郎『帝国ホテルの料理の流儀』青春出版社、2009年）。

村上はサインやメニューにも「料理は愛情」と好んで書いた。「料理は愛情、工夫、そして真心。そのどれが欠けても、おいしい料理はできない」が持論だった。

大衆化か、高級路線か

1970年11月、金澤辰次郎（第一銀行出身）が社長になると同時に、犬丸徹三の長男である犬丸一郎専務が総支配人に昇格した。一郎は1926年、東京生まれ。幼稚舎から慶應義塾に通い、同大学経済学部から、49年3月に帝国ホテルへ入社した。終戦直後の45年9月からも一度、帝国ホテルに勤務した経験がある。

一郎は清掃係、ボーイ（客室係）、調理場勤務を経て50年5月から米国へ留学（サンフランシスコ市立大学ホテル・レストラン科、コーネル大学ホテル経営学部）。学びながらマーク・ホプキンス、ウォルドーフ・アストリアにも勤務した。

帝国ホテルは赤字を続けていたため、セールス活動を強化した。上場企業の秘書室への営業を始め、米国やカナダ（のちに欧州やアジア・豪州も）でも販売活動を始めた。さらに、国内客を増やすため、社内でも賛否両論があった「庶民化」を推し進めた。ニューオータニが68年に始めてヒットさせた「お正月プラン」「受験生プラン」を導入し、別館のコーヒーハウス「ザ・テラス」ではビジネスランチを５００円で提供するなど、気軽に楽しめるホテルの側面も持たせた。

１９７１年11月にオリジナルのフードストア

犬丸一郎

「ガルガンチュワ」が本館1階にオープンした。「帝国ホテルの味をご家庭で」を趣旨にパンやペストリー、総菜を販売。74年には売り場を3倍に拡張してコンソメ、ビーフストロガノフなど高級料理の冷凍食品もラインナップに加えた。

庶民化で客数は大きく増加したが、各種プランなど単価引き下げもあったため、増収率は1割弱にとどまり、赤字も継続した。72年に外務省出身の大野勝巳が社長に就任し、海外へのセールスをさらに積極的に推進。大衆化路線は修正され、創業来の高級路線に軸足を戻した。この結果、75年度に黒字化を果たし、76年度には復配を実現した。

76年6月、業績回復を花道に大野は社長を退任し、第一勧業銀行出身の原正雄副社長が社長に昇格した。なおこの間、74年5月に国際興業グループ創業者の小佐野賢治が取締役に就任している。

新本館ができると、東館・別館の古さが目立つようになったが、借入金が収益を圧迫している間は、新たな建て替え計画は難しかった。一時的な庶民化路線の背景には、東館・別館で新たな客層を受け入れるという意味合いもあったのだ。

そんななかで、１９７４年の消防法改正が大きく背中を押すことになる。79年までに東館・別館の全客室へスプリンクラー設置が義務付けられたのだ。試算したところ、50億円かけて配管を天井むき出しで取り付けるか、さらにコストをかけて天井の壁に塗り込めるかしか方法がない。しかも、改修による収益改善効果はほとんど見込めない。幸い黒字化、復配は達成している。社内は全面的な改築へ傾いていった。

社内プロジェクトチームが組織され、さまざまな計画案が出されたが、１９７８年６月の取締役会に提出された新館建設計画案では、客室数を４００以内に限定して、オフィス、ショップを併設する「複合ビル」化が明記されている。

最終的には、地下４階・地上31階、高さ１２９・１mの超高層ビルで、地下１階から地上４階がショップ・レストラン施設、５〜18階が賃貸オフィス、19〜31階が客室となった。客室数は３６３、料飲施設６、宴会場１、さらにプールやサウナが設置された。

初の複合ビル・タワー館

一つのビルの中に賃貸オフィスやショップフロアを併設して、大規模な不動産賃貸事業を手がけるのは、日本のホテルでは初の試みだった。

このタワー館は平年ベースで収入51億円を見込み、減価償却費や金利、各種経費を差し引いても３・６億円の利益が出る収支計画だった。建設費３２３億円の約４分の１にあた

タワー館

る78億円はオフィス、ショップなどテナント企業からの保証金・敷金で開業前に回収できた。

複合ビルにしたことで、バブル崩壊から平成、令和まで生き抜くための〝根雪〟のような安定的な不動産賃貸収入として、１９６１年10月に東証２部に上場した帝国ホテルの安定経営を支えることになる。

起工式を79年12月に行い、83年1月竣工予定で着工した。デザインの基本コンセプトは「高級」という帝国ホテルの評価をどう受け止めるか。社内議論の結果導き出された、「お客様をもてなす際の気配り、相手が気づかないくらい、さりげなくしかし的確に心遣いがなされている状態が最も上等である」との結論を軸に、新鮮でありつつも建築の主張が前面に出すぎない設計、細部の巧緻さにポイントが置かれた。

基本設計には椎名（旧姓・宮原）行弥（現・芝パークホテル顧問）が大きく関わった。椎名は１９４５年生まれ。中学生のときに高校生の数学の家庭教師をしていたという天才少年だ。１９６４年に帝国ホテルに入社した。

77年の上高地帝国ホテル全面改築では基本設計を行い、83年のインペリアルタワーは構造設計と機能設計を手がけた。「ショップ（店舗フロア）は回遊性がなくてはならないから、片道で戻ってこられない『どん詰まり』があってはいけない。一方、オフィスは室内に柱があってはいけない」。さらにホテルの客室は眺望のために、オークラやニューオータニのような三ツ矢式建築が理想的。そこで当時、日本にはなかった階層・用途に応じて構造が変わる複合ビルとなった。

タワー館 スタンダード(ツイン)

客室には「ホテルらしさを出すために、出窓をつけた」（椎名）。国内ホテルでは初で、浅草ビューホテルが第2号だったという。また、浴室には調光照明とハンドシャワーを設置した。
調光照明は、多忙ななかでも年1回は欧米のホテルを回っていた一郎が、「夜中に目が覚めたとき、バスルームに薄明かりがあるように、調光器を途中で止めろ」と椎名に命じたのが始まりだ。椎名は手作りで調光器の途中にプラスチック板を挟んで、照度20％ぐらいで止まるようにした。

椎名の開発の理念は、「困ったこと、怒られたこと、使いにくいこと」の３つを解決するための工夫である。

「お客さんから怒られた、役員から怒られた、従業員から怒られた経験。プラス、犬丸さんのひらめき」。一郎が思いついて椎名が実行に移したアイデアは、いまだに利用されているものが多い。「あれだけホテルを使っている方は貴重な存在。欧米のホテルに年１回ずつ行って、帰ってくると『お前な、フランスでこういうのがあったぞ』と言ってくる」。

椎名は、設計に際しては現場の意見を尊重するタイプだった。ハンドシャワーは客室係の女性たちの意見が発端で、固定シャワーではバスタブを洗えない、というものだった。当時、家庭用にハンドシャワーはあったが、高級ホテルはすべて固定シャワーだった。
「ハンドシャワーだけでは……と、固定と両方つけちゃった。予算管理の役員からは怒られたけど（笑）。でも、今はどの高級ホテルへ行っても両方ついているでしょ」

タワーの低層のショップは長方形、オフィスの中層は正方形、ホテルの上層は（部屋からの眺望を考えて）T字形とし、高層階ほどボリュームが絞られ周囲への圧迫感が少ないデザインとなっている。タワー開業以降、賃貸収入は連結ベースでの帝国ホテルの売上高の１割強、営業利益の実に４割を安定的に支えることになる。

　１９７５年５月にはエリザベス女王が来日する。村上は事前に大使館を通じて女王の好みを下調べして海の幸を厳選し、熊本産の車海老と青森産の舌平目を用いたグラタンを考案した。新メニューは「レーンヌ・エリザベス（車海老と舌平目のグラタン　エリザベス女王風）」と名付けられ、完食した女王の許諾を得て、現在でも「ラ　ブラスリー」での人気メニューの一つとなっている。

レーンヌ・エリザベス

梟商《きょうしょう》・小佐野賢治の「つかの間の支配」

　１９８５年６月、国際興業社主の小佐野賢治が会長に就任した。小佐野は１９１７年山梨県生まれで、戦争中に自動車部品販売で身を起こし、戦後はバス・タクシー事業やホテル事業に進出した。

　小佐野は帝国ホテルの株を買い集め（国際興

業名義）、74年から帝国ホテルの取締役に就任していた。76年にはロッキード事件で衆議院予算委員会の証人喚問に出席し、答弁で「記憶にございません」と繰り返したことが流行語にもなっていた。国際興業は85年から帝国ホテルの筆頭株主となっている。

一郎は１９８６年６月に原正雄の後を継いで社長に就任した。取締役就任から27年、副社長となってから10年たっての昇格はかなり遅咲きで、金井寛人会長との不仲説や小佐野の強力な後押しも噂された。

社長就任あいさつで一郎は「帝国ホテルには変えてはならないことと、変えなくてはならないこと、この２つがある」と述べた。変えてはならないのは「高級路線」、しかし、進化する客の好みや要望に応えるために、設備やサービスの改善・改良は不断に行う。伝統と革新のバランスを追求する姿勢は、現在に至るまで帝国ホテル従業員が自問自答している理想像である。

一郎の就任後まもなく、86年10月27日に小佐野が膵臓がんの手術で入院していた虎の門病院で頓死する。ロッキード事件では77年に起訴され、81年に懲役１年の実刑判決を受けた後、84年の二審でも有罪となり、上告中だった。

悪役イメージの強い小佐野だが、一郎は自著の中で「不愉快に感じたことが一度もなかった」と述べている。1960年代後半に小佐野が帝国ホテルの株式を買い集めているころは不安を感じていたが、小佐野から「俺の家に来ないか」と連絡があり、彼の豪邸を訪ねたという。いろいろ話をしたが、一郎は小佐野に世間でいわれるようなダーティさは感じなかった。面談では小佐野は最後まで「自分は帝国ホテルが欲しいんだ」などと言わなかった。

取締役や会長に就任した後も、帝国ホテルにはあまり顔を出さなかったが、一郎の執務室に突然現れると、あれこれ話し始める。思いついたら即行動の性格だった。相手の都合を考えず電話して、出ないと怒りだすせっかちさには困ったが、経営者としては非常に優秀だったという。

「どうして帝国ホテルでは政治家のパーティーをやらないんだ？　宴会場の空いている日にやれば儲かるじゃないか」と言われた時も、大勢の出席者の割に出す料理が少なく、利益がないことを説明すると、「それならやらなくていい！」と撤回。筋道を通して話をすれば、聞く耳を持って理解してくれる人でした。

そして当時、帝国ホテルは巨額の債務を抱えていたので、いろいろ口を出されるの

だろうと覚悟していたら、
「お前に任せた。好きなようにやればいい」
とだけ言われたのです。ポジションに就いた者にはつべこべ指図せず、責任を与えて任せる。その方針が私と一致していたことが、最後までネガティブな感情を抱かなかった最大の理由かもしれません。

（犬丸一郎『帝国ホテルの流儀』集英社新書、２０１２年）

「できません」「難しいですね」とは言わない

帝国ホテルは１９８４年12月から本館の大改修を開始した。90年の開業１００周年を前に、89年までに全館をリニューアルするもので、空調は中央制御方式から独立方式へ転換された。また、椎名のアイデアで窓下壁面の窓台に設置されていた空調機を撤去して、客室面積を約３・７５㎡広げることに成功した。

浴室には細かい工夫が加えられた。一郎の「なんとかしろ」がここでも出る。「帝国ホテルはチェックインすると、石鹸がくるんであってきれいでいい。だが、１回使った後はびちゃびちゃになって、ぐじゅぐじゅになる。いつでも乾くような石鹸皿を作ってくれ」が発端だ。

そこで考えたのが、椎名の女友達が趣味にしていた華道だ。花を生ける剣山を見てパッとひらめいたという。「剣山の下に穴をあけて、その上に石鹸を載せておけば、水が垂れて石鹸が乾く」（椎名）。太い針状のプラスチックのついた石鹸皿に穴をあけた。

そして、画期的な発明ともいえるのが、「手引き電動カーテン」だ。電動でありながら、片方ずつ手でも開け閉めできるという優れもので、やはり一郎の鶴の一声が発端になっている。普通の電動カーテンを使った設計図を見せると、

「お前、また、あの不便な電動を使うのか」と、一郎。不都合を感じていなかった椎名は、

「何が不便なんですか」

「お前、片側だけ閉めたいときに、あれは閉まらない」

つまり、外の景色も見たいが、室内をあまり見られたくないようなシチュエーションを想定しているのだ。

「あ、わかりました。じゃあ、片方だけ開けばいいんですね」

「できるのか？」

「今から考えます」

そう言った椎名は「ずいぶん苦労した」と振り返る。「できません」「難しいですね」と

は言わず、まずは承諾して発明品を思いつくまで熟考するのが椎名流。考え付いたカーテンはレール2本にモーターをつけるまでは電動式と一緒だが、可動部分にクラッチを付けたのがミソ。マニュアル自動車のニュートラル状態のように、動力が伝わらない状態をつくったのだ。ロープを使って手で上げ下げしているときにはクラッチがつながっていない。ナイトテーブルのスイッチを押すと、クラッチがつながって電動でカーテンが動く。

このカーテンは東京・御徒町のカーテンレール屋との共同開発で、「型代だけで3000万円かかるので帝国が1500万円出してくれれば、1台売れるごとにライセンス料を支払う」と言われた。椎名が社に戻って役員に相談すると、「お前が考えるものなんて帝国でしか使わないから売れないよ」と言われて暗礁に乗り上げかける。ところがその翌年の1986年、赤坂の迎賓館で2度目の東京サミットが開催され、宿泊所となったホテルで使われていたことが弾みとなって全国で約7万台も売れたのだ。「帝国ホテルが使った後はオープンでどこへ売ってもいいという約束で、開発費1500万円は支払わなかった」(椎名)

5階は客室75室分のスペースをサービスフロアに転換し、演奏家の練習などに利用できるように完全防音のミュージックルームやアメニティラウンジ、ベビールームなどが設置された。16階のインペリアルスイートは、廊下を挟んだ隣のスイートと合体してコの字形にし、面積が２９７㎡から５０９㎡になり、通常客室の10倍以上の広さになった。宿泊料金は１泊60万円を想定したが、見学した生前の小佐野が「安い」と断言したこともあり、１泊１００万円に決まった。

インペリアルスイートのパーラー

エレベーター内「バラの一輪挿し」誕生秘話

84年の本館エレベーター改修では、従前の高さ２・４ｍを３・２ｍにし、ボタンを押すと、どのエレベーターが来るかライトで知らせる「予約点灯」もいち早くつけたのだが、椎名はさらに「粋なアイデア」を実現する。

鏡とバラの一輪挿しを付け加えたのだ。「お客さんがチェックインしたときに初めて乗るエレベーターがただの箱ではなく、何かおもてなしができないかといろいろ考えた結果」。当時の法律ではエレベーター内にガラスを設置することはできなかったため、磨いたステンレスを使っている。当時、分厚いステンレスは高額になってしまうので、鉄板にステンレスを結晶化（クラウド化）させて結合した（なお、88年12月に日本エレベーター協会が発行した施設設計指針でガラス素材の使用が可能になった）。

ところが椎名は運用開始の1日前に、一輪挿しの件で経理担当役員に呼びつけられる。

「バラの一輪挿しをするのにいくら費用がかかるか理解しているのか？　運用が始まってしまうので1カ月だけ許可してやる。1カ月たったら別の方法を考えろ」

「はい、わかりました」

1カ月後、アシスタントマネジャー宛てに外国人客からお褒めの言葉が大挙して集まったという。椎名が約束の1カ月後に担当役員のところへ行って、一輪挿しをやめると言うと、

「お客様からの評判がいいから、そのまま続けよう」

結果、現在でもエレベーターには一輪挿しが飾られている。

「バラは夜8時にはなくなってしまう。外国人ペアが乗ると、男性はバラを抜いて相手の女性のポケットに挿してあげるので」（椎名）。このためバラは1日3回、花びらが散らないように開く寸前の一輪を選んで挿している。

88年の宴会場「富士の間」の改装では1800kgの巨大シャンデリアを2つ取り付けた。どちらもチェーンの可動式で、ウエディングの演出などで上下させることもできた。ところが折悪しく、東京・六本木のディスコ「トゥーリア」のチェーンで吊った照明装置が落下して死傷者が出る事故が起きたため、改修中に検察庁が天井裏を確認しに来た。だがトゥーリアと違い、帝国ホテルのシャンデリアは独自の取り付け方法により、万が一チェーンが切れても、重りが別の滑車を通してシャンデリアを天井に突き上げる。検察は「今の技術でこれができるなら、あそこ（トゥーリア）は有罪だ」と言って帰って行った。

事故以来、客が怖がるために、帝国ホテルでもメンテナンスのときしかシャンデリアを上下させてはいない。

「なんとかしろ」に応えた発明家

部屋の細かい工夫まで含めれば、椎名の発明は数限りないが、主なものをいくつか紹介しよう。

くねくね読書灯

ベッドの枕元にある読書灯は、アームが曲がるので光の角度を自在に変えられる。当初は自動車用のランプで開発したのだが、ＰＬ法（製造物責任法）では表面温度を60℃以下にしなければならない。当時ちょうど胃を患っていた椎名が、病院で胃カメラを飲んだ際に、胃カメラに照明がついているのに気づいて、光源をナイトパネル内に置いて光ファイバーで先を照らす読書灯を発明した。「くねくね読書灯」は山田照明とオーデリックの共同開発商品として市販もされた。「外資系ホテルまで採用してくれたのがうれしかった」と椎名は言う。

浴槽の多人数利用に対応

１室３名以上で浴槽を利用する場合、ネックとなるのが湯の入れ替えだった。１９８５年当時、浴槽の湯張りに７分、排水に８分かかっていたので、各人が湯を入れ替えると40分以上かかってしまう。例によって一郎から「なんとかしろ」と言われた椎名は、まず排出口を大きくし、レンコン形だった目皿をレモン形に変更することにより、４分での排水を可能にした。配管サイズの変更で湯張りも４分を達成。以後、湯張り・排水ともに４分が帝国ホテルの基準となる。

浴槽の自動湯張り

１９９６年３月にオープンした帝国ホテル大阪のスイートルーム用に開発した給湯システムを、東京にも導入した。これにより、出しっぱなしで湯が溢れ出る事故がなくなり、１日１室の平均使用水量が４００Ｌから２５０Ｌに減少した。

家具の安全対策

75年から、帝国ホテルでは家具の角を丸くしている。子どもがぶつかっても怪我しにくいようにと、椎名が言い出して業界に先駆けて実施した。「日本の家具屋は和家具屋で、角をとがらせた『ピン角』がプロ、やすりをかけるのは素人だ、という時代。ずいぶん時間がかかった」（椎名）。「１に安全、２に安全、３、４がなくて、５にメンテ」が椎名の姿勢で、あえて聞くと「３は見た目で、４は機能」という。

「さすが帝国ホテル」と言われ続けるために

帝国ホテルは１９９０年に開業１００周年を迎えたが、その後のバブル崩壊に苦しんだ。景気後退が宴会・宿泊・料飲事業を直撃しただけでなく、円高で訪日客も停滞した。97年6月に犬丸一郎は社長を退任し、第一勧業銀行（現・みずほ銀行）出身の藤居寛副社長が後を継いだ。東京総支配人には、小池幸子を入社以来励まし続けた簑島清人専務が就いた。

収益低迷とともに、帝国ホテルでも採算管理が厳しくなってくる。命綱である料理の味については、「一度もコストカットを要請されたことはなかった」と、村上に次ぐ２人目の総料理長（取締役）となっていた田中健一郎は語る。が、他部門は個別目標が徹底されるようになり、社内の空気も沈滞。客からもクレームが増加していた。

そこで、99年11月から、改めて帝国ホテルのサービス水準を保つための「さすが帝国ホテル推進活動」が始まった。行動基準に示された９つの実行テーマは、社会人としての基本である「挨拶」「清潔」「身だしなみ」、ホテルスタッフとしての基本である「感謝」「気配り」「謙虚」、そして帝国ホテルスタッフとしての基本である「知識」「創意」「挑戦」と定められた。

言葉にすれば当たり前のことが多いが、「さすが帝国ホテル」と言われるのが当然で、何か不備があれば「帝国ホテルともあろうものが」と苦情を言われるほど、客の要求水準は高い。各部の具体的な取り組みに対しては、客と接することが少ない間接部門を含めた全社で、「さすが帝国ホテル」と言われるに値する業務・サービスを行った個人・団体を部長が推薦したのちに、選考会で表彰者を選ぶ表彰制度も開始した。

２００１年６月からプロパー（社内出身）の吉村勲人が社長に就任したが、04年４月に急逝。同じプロパーの小林哲也副社長（現・取締役）が社長に就任した。05年11月からの改修ではフランク・ロイド・ライト・デザインの復活が図られた。１９７０年の本館建設でいったんはライトと決別した帝国ホテルだったが、国内外の顧客からの「ライトの帝国ホテル」の評価は高くなる一方で、経営陣も帝国ホテルブランドにライトが果たす役割を再認識せざるをえなかった。

ムッシュとの別れ

村上から一人置いて99年に第13代料理長となり、02年に取締役総料理長に就任した田中は、さっそく村上に報告しに行った。

「ムッシュ、ただ今、取締役総料理長を拝命いたしました。今後とも何卒ご指導よろしくお願いいたします」

「あ、それは帝国ホテルのお客様のためによかったね」

単純にお祝いの言葉をかけてもらえると思った田中は、村上の言葉の意味が瞬時には理解できなかったという。後年、村上とタクシーに乗り合わせた際に質問してみた。

「ムッシュ、覚えていらっしゃるかどうかわかりませんけれども、私が2002年に取締役総料理長を拝命したときに、ムッシュの『それは帝国ホテルのお客様のためによかったね』っていう言葉。すいません、意味が……」

「あ、それはね、やはり料理場からちゃんと会社にものを発言する立場の人間が出なきゃダメです。ときには会社にたてつくかもしれない。会社の言うことにノーを言わなければならないかもしれない。でも、それが帝国ホテルの料理を守ることだとお客様に対しての気持ちがあるならば、あえて言える立場にならなければならない。だからそう言ったんです」

と村上は語った。「やっぱりさすがだなと思いました」

テレビで見せる笑顔と同様、社内でも常に温厚な村上について田中は、「あんなに奥行きの深い人はいない。それに華があった。ムッシュが行くところ、行くところ、パッと明るくなるような」と言う。

そんな村上が「たまに、メガネの奥で鋭く厳しい目をすることがあった」（田中）。田中の記憶で最も怖かったのが、２５０回を超えて開催された人気イベント「村上信夫とフランス料理の夕べ」の取りやめを申し渡されたときだった。「レストラン部が採算がとれないからと。あのときほど恐ろしいムッシュの顔はなかった。今でも震えあがるような顔で。同席していた秘書も『部屋に戻れないぐらい怖かった』と言っていた」

２００５年に入り、11月のロイヤルウエディング（黒田慶樹・内親王紀宮清子夫妻）が帝国ホテルに決まったとのスクープ報道が6月にＮＨＫニュースで流される。まだ帝国ホテル社内ですら知る人間がいなかったタイミングである。翌日、田中は村上の部屋に行き、報告した。

「ムッシュ、決まりました。帝国ホテルで。とにかく一生懸命頑張りますので、よろしくお願いします」

「頑張ってね。もうたぶん、こんなことは一生ないことだからね」

「はい。では失礼します」

田中は去ろうとした瞬間、ふと思いついて振り返り、

「11月15日のウエディングが終わったあと、ここにワゴンでシャンパンを持ってきますから、2人で乾杯しましょう」と誘ってみた。

村上は「いやあ、それはいいねえ。それはうれしいね」と、それまでにない、本当にうれしそうな顔で返した。

「あれは忘れられない」と田中は言う。

というのも、その年の8月2日、村上は心不全でこの世を去ってしまったのだ。ロイヤルウエディングを成功裏に完了した田中だが、「それがムッシュに対する心残り。ムッシュと乾杯している夢をしばらく見続けた」という。

東日本大震災の避難所に

社長としての小林の大仕事が大株主問題の解決である。2007年9月、国際興業が帝国ホテル株の33%強を三井不動産に譲渡した。帝国ホテルは新たな筆頭株主である三井不動産の持分法適用会社となった。

両社が交わした基本協定書では、「117年間継続しているホテルの歴史を今後も続けること、現在の経営方針の支持および経営の自主性の確保、従業員の変わらぬモチベーションとロイヤリティーの維持等であり、三井不動産は、資本参加にあたり、本基本方針を最大限尊重する」ことで合意がなされた。

国際興業は2004年10月、メインバンクのUFJ銀行（現・三菱UFJ銀行）の不良債権処理に伴って米投資会社サーベラスに売却されていた。

大倉喜七郎が財閥解体で持ち株を手放して以来、常に焦点となってきた帝国ホテルの筆頭株主、持ち株問題が一応の決着を見た。

2009年4月に定保英弥が総支配人に就任する。定保は1961年生まれで、84年に帝国ホテルへ入社した。自身のキャリアで印象に残っているのは、90年から4年間の米国ロサンゼルス営業所勤務だったという。「海外と接する機会の多い仕事に就きたい」とホテル業界を選んだ定保は、現地での営業活動を通して「営業の面白さ、われわれの商売の面白さ、楽しさを知った。いろいろな人と出会えて、いまだに現地の旅行代理店や多くの顧客会員にご利用いただいています」。

当時は御三家をはじめ、京王プラザホテルや京都の都ホテル（現・ウェスティン都ホテル京都）など大手の主だったホテルからロサンゼルスに派遣された従業員がいたが、みな一人ずつだったため仕事以外では交流する場が多かった。「全員でパンフレットを車に積んだり、大きな袋に入れて、飛行機に乗って街から街へ巡業のように営業活動を協力して行った」

日本といえば富士山と浮世絵のイメージしかなかったような時代である。各ホテルは自社の認知度を上げることに腐心したが、幸いライト館の効果もあってか「インペリアルホテルから来ました、と言うと、会ってくれたし話も聞いてもらえた」という。

「初代会長の渋沢栄一の存在はたいへん大きい。１８９０年の開業以来、多くのものをわれわれに残してくれた。そして、彼が日本人で初めての帝国ホテルの総支配人である林愛作を招聘してきた。そして林がフランク・ロイド・ライトを招聘してきた。この３人は帝国ホテル１３０年の歴史を語るうえでは忘れられない存在だ」

定保が総支配人に就任して２年になろうという２０１１年３月11日、東日本大震災がホテルを襲う。関東大震災と重なったライト館の開業パーティーほどではないが、ちょうど１２０周年の顧客招待会を孔雀の間で開催した直後だった。開業から１２０年目が２０１０年11月３日で、年度末の翌３月にホテル主催で行ったのだ。

「夕方に近づくにつれて寒くなって、ロビーにはあっという間に人が集まってきた。銀座を散策していた方々や、就業時間を終えたが電車が止まって帰宅できない方々が『帝国ホテルへ行けば安全だろう』といらしたようだった。

　有事の際の段取り通り、備蓄用のペットボトルや、毛布などを用意するよう私や総務担当役員が指示を出す前に、現場のスタッフは自分たちで率先して手配していた。おいしい料理のご提供や、華やかな空間、ゆったりとした時間を楽しんでいただくことが商売だが、われわれのようなグランドホテルは、こうした社会貢献のような役割も担っていることを再認識した」と、定保は語る。

現在の本館ロビー

　震災後、ホテル業界は外国人客の減少に苦しんだ。帝国ホテルも例外ではなく、それまで外国人と日本人の宿泊比率は半々だったものが、3対7まで外国人客が落ち込んでしまった。ただ、他ホテルが料金引き下げを余儀なくされたのとは異なり、レートを落とさずに踏ん張った。理由は、日本人客の落ち込みが他ほどひどくなかったからである。「国内の会員の方や、リピーターの方には毎月、毎週のように定期的にご宿泊いただいている。

それは震災後も変わらなかった」

開業以来初の「全館貸し切り」

翌２０１２年10月にＩＭＦ・世界銀行の年次総会が東京で開催される。３年に１度は本部である米国ワシントンＤＣを離れて海外で開催されるのだが、もともと東京ではなくエジプトでの開催が決まっていた。ところが政変でエジプト開催が困難になり、11年６月になって急遽、日本開催に変更されたのだ。

震災後の復興を世界にアピールしたい日本政府には願ってもないチャンスだったが、１年強で準備するのは大変である。まして、帝国ホテルにとって特別だったことに、「開業以来初めて、全館貸し切り状態になった」（定保）のである。定保にとって総支配人としての大仕事だったが、「われわれのＤＮＡや蓄積されたノウハウが生きた」と振り返る。

帝国ホテルはタワーの客室からベッドを出し、すべてをオフィススペースとして提供した。国際会議ゆえ、優雅なランチやディナーなどではなく、分刻みの会議の合間のクイックな食事。ともすれば昼食付きミーティングだ。手軽に食べられるサンドイッチや、意外にこの点で有利な寿司が好まれる。地下のパン工場は空前の稼働率だったという。「同じサンドイッチばかり出すわけにはいかないから、パンの種類を変え、具もいろいろ工夫した。当時のクリスティーヌ・ラガルドＩＭＦ専務理事も『あれだけサンドイッチとお寿司を食べたことはない』と言っていた」(同)

宴会場の設営も、時間通りにテーブルや椅子が１㎝も狂うことなくきっちりと行われ、メイン会場の東京国際フォーラムからのシャトルバスも予定を違えることなく運行された。日本のホテルならある程度は当たり前の光景だが、帝国ホテルの徹底ぶりが評価されたのだろう。「本当にこれだけスムーズに運営がうまくいった総会はなかったと、専務理事や世界銀行総裁をはじめ皆さまから謝辞をいただいた」(同)

「帝国ホテルに入社してよかったと感じるのは、国を代表する方にホテルの担当者として接することができたこと。前回の即位の礼（１９９０年）の際に、ブラジル大統領一行を担当しました。企業を代表する方への接遇や、大きな国際会議をお手伝いすることもできる。

また、個人的なご利用である結婚式のお手伝いや、節目に行う家族だけのお食事会も、メインダイニングや鉄板焼などさまざまなレストランでお手伝いできる。長期休みに家族揃ってディズニーランドへ行かれるファミリーもお迎えすることができる。いろいろな目的を持ったさまざまなお客様をお迎えできる面白みが、フルサービス型の帝国ホテルにはある。春夏秋冬で客層は変わるし、1週間の月火水木金土日でも変わる。客室特化型のホテルではなかなか経験できない醍醐味だ」（定保）

「出戻り」の料理長

２０１９年４月、帝国ホテルの料理長が田中から38歳の杉本雄に交代した。大阪や上高地を含む全社の料理を統括する総料理長ではないが、東京の料理をすべて管轄する。

杉本は１９８０年生まれ。99年に帝国ホテルに入社して料理人としてのキャリアをスタートさせた。基本を帝国ホテルで身につけた杉本は早くから頭角を現し、若手では異例の「レ セゾン」への配属もされたのだが、２００４年に退社する。そして渡仏して13年間をフランスで過ごした。ブルターニュのビストロを皮切りに、厨房だけでなくホールの接客サービスなどさまざまな経験を積んだ。

06年に、１８３５年創業のパリのホテル、ル・ムーリスへ移り、ヤニック・アレノ、アラン・デュカスという名料理人のもとでシェフを務め、同ホテルのメインダイニング（三つ星）で責任者となった。「アレノの右腕と言っても過言ではない」と自任している。その後、２レストランで総料理長を務めた後、帰国して17年4月に帝国ホテルに戻って来た。

　帝国ホテルからパリへ留学した料理人の面倒も見ていたことが縁で、田中との文通が始まり、日本に戻って再入社するきっかけになったようだ。ただ、料理長就任が前提というよりも、候補者の一人として外部から刺激を与える意図もあったのかもしれない。

現・料理長の杉本氏

　杉本は就任にあたり、「〝伝統の味〟をしっかり継承しつつ、時代に即した〝表現〟をしていきたい。この年齢、そして料理長だからこそチャレンジできることがあるはず」と抱負を述べた。周囲には「日本に戻って来たのではなく、帝国ホテルに戻って来た」と語っている。
　何を守って、何を変えるか――。１３０年の帝国ホテルの歴史のなかで、全従業員が常に問われてきた課題である。
　これについて杉本に水を向けると、「フランス料理を主として１３０年やって来た。フランス料理という根幹は守っていかなければならない。そのなかで、レシピは時代とともに変化していくものだと思っている。お客様の嗜好も変わるし、テーブルにつく時間も変わると思う。時代の流れによって好まれるものが変わってくるので、レシピは時代に合うように変えていかなければいけない」と語った。「レシピはたとえば、濃厚なソースだからおいしいというわけではなく、時代が求める、さらっとしたソースでもおいしく。でも、そのソースの本質は壊してはいけない」

　御三家の創業期と違い、日本のフランス料理＝ホテルのフランス料理という時代ではない。街場のレストランにも優れたフランス料理は数多く、そうした情報はインターネットにあふれている。日本のホテルに戻るメリットは少ないかもしれない。が、杉本は「ホテルにしかできないフランス料理がある」と断言する。

「ホテル＝古いフランス料理ということではなくて、ホテルでしかできない食材がある。われわれは肉を扱うブッチャーを抱えている。それがあるからこそ提供できるカットであったり、味であったり、量であったり。カウンターだけのフランス料理店では、到底できない表現の仕方だと思う。昔も今も変わらない。それをホテルにいるわれわれがもう一度見つめなおして、ホテルのフランス料理を盛り上げていきたい。やりがいも伸びしろもたくさんある。帝国ホテルにはレストランも複数あり、宴会場もある。いろんな切り口があ

る。料理人を育てるべきだし、自分もそうあるべきだと思う。さまざまなチャレンジをしていきたい」（杉本）

田中から30歳の若返りであるが、杉本は「村上信夫から田中健一郎までのバトンタッチでも30歳若返った。帝国ホテルのＤＮＡ、若さで先へチャレンジしていく。先代からも引き継がれているものだと、現職になってしみじみと感じている。時代に合った表現、新しい企画を、もちろん伝統を残しながら提供する。帝国ホテルの料理の動向から目が離せない１３０周年になる」と決意を語っている。

10年来の模索の末、京都進出へ

２０１９年10月、帝国ホテルは京都への進出を発表した。京都市東山区にある祇園甲部《ぎおんこうぶ》歌舞練場《かぶれんじょう》の敷地内にある「弥栄《やさか》会館」の建物を活用した新ホテル計画の検討・協議を開始する基本合意書を、学校法人八坂女紅場《やさかにょこうば》学園と締結したのだ。

八坂女紅場学園は祇園甲部の芸舞妓学校「祇園女子技芸学校」を運営しており、弥栄会館を所有している。弥栄会館は鉄骨鉄筋コンクリート造の地上5階、地下1階の劇場建築。各階に銅板瓦葺《かわらぶ》き屋根をかけ、塔屋状の正面中央部に城郭の天守を思わせる付庇《つけびさし》や宝形造《ほうぎょうづくり》屋根が造形されている。和風意匠の伝統を織り込んだ名建築で、周辺の歴史と伝統あるお茶屋の家並みとともに一帯の景観を形成している。京都市の歴史的風致形成建造物にも指定されている。

１９３６年竣工で、演劇や人形浄瑠璃に用いられ、映画館やダンスホール、コンサートにも利用されてきた。だが、建物の老朽化と耐震性の問題で、現在は本来の用途である劇場を含む大部分が使用されていない。歌舞練場の耐震改修計画の中で、弥栄会館のホテル活用が検討され、帝国ホテルが有力候補だったようだ。帝国ホテルは「祇園町南側地区の優れたまちなみにふさわしいホテル計画を実現したい」としている。

10年来、京都への展開を模索してきた定保は、「外壁の部分を残しながら、中をホテルに変えていく。それによって60～70部屋のスペースができる」と話す。

２０２０年11月３日に、帝国ホテルは創業１３０周年を迎える。19年11月から21年３月までを「１３０周年記念期間」として、記念プランや新商品を多数展開している。２つほど紹介しよう。

日比谷ぐらし

帝国ホテルで初めてのロングステイ商品で、日比谷公園を一望できるパークビューコーナースイートに7泊できるプラン。文化とエンターテインメントの街といわれる日比谷での暮らし方、また楽しみ方を各自でオーダーメイドできる。コンシェルジュが滞在をサポートする。サービス料・消費税・宿泊税込みで130万円。

プレミアムパスポート130

120周年、125周年でも販売したパスポートの内容をさらに充実。東京・大阪・上高地のいずれかで利用可能なスイートの宿泊券、レストラン・バーラウンジの利用券や、杉本料理長オリジナルメニューのディナーが楽しめる。ほかにも15種類の多彩なオプション商品の中から好みの商品を組み合わせて選べる。こちらも諸税込みで130万円（2020年1月31日をもって販売終了）。

見えてきた再開発の青写真

オークラが建て直し、ニューオータニは耐震補強を済ませた。130周年を迎える帝国ホテルも、近い将来の建て替え時期が迫っている。

金尾幸生総支配人は、「２００７年がエポックだった」と言う。「東京へ外資系ホテルが多数進出し、今までとは逆に『東京のホテルは国際基準に比べると安い』と言われるようになった」。当時、５万〜６万円で富裕層をとりにいく外資系は衝撃的だった。

「（外資系は）ターゲットを富裕層と明確に決めてマーケティングしていた。われわれは長くご利用いただいている顧客が多くいらっしゃるので、急に方針転換するわけにはいかない」（金尾）

パレスホテルや新しいオークラなど、リニューアルを機に単価を上げる国内資本も出てきている。帝国ホテルもこの路線を目指すのだろうか。定保は「宴会や料飲も兼ね備えたフルサービス型ホテルのよい面はたくさんある」と語る。

これは、いろいろな目的や楽しみを持って訪れる利用客、たとえば年に１回、記念日に東京へ出てきて家族や親族で泊まりたい、という15人ぐらいの小グループや、バギーを押してアフタヌーンティーに訪れる家族を温かく迎えよう、ということだ。

「だから、ある程度の部屋の数は持たなければならない。マーケティングとしても、一定の富裕層もターゲットにしなくてはならない。そのためには、まだまだ施設やサービスにおいて研究することはたくさんある」（金尾）

建て替えの時期はなお未定、と帝国ホテルは公式見解を示すが、周辺ではすでに10年越しの再開発の青写真が着々とつくられている。帝国ホテルの大株主である三井不動産などが主体となった大規模再開発である。東京ミッドタウン日比谷を開発した三井不動産は、帝国ホテルの建つ内幸町の1ブロック全体を再開発するビッグプロジェクトを志向している。

公道で囲まれた四角形の土地は計2万坪と広く、オークラやニューオータニの敷地に匹敵する。区画内には帝国ホテルのほかに東京電力ホールディングス本社ビル、ＮＴＴ日比谷ビル、みずほ銀行内幸町本部ビル、鹿鳴館跡地の旧・大和生命ビル（現・日比谷Ｕ－１ビルとして三井不動産が保有）などが建っている。

都心の丸の内や大手町の再開発では、企業がときには移転しながらところてん式に建て替えを進めているが、内幸町でも種地《たねち》となる最初の建て替えビルが必要となる。

ＮＴＴビルの地下には幹線ケーブルが通っている。ニューヨークの地下鉄上のビルを再開発した技術を使えば建て替えは可能だが、難工事となる。東電は原発事故への対応が続いており、率先して本社の建て替えは言い出しづらい状況にある。みずほビルは旧第一勧業銀行の本店だが、経営統合した以上、戦略上の重要性は減っている（現在は東京営業部が入居）。だから、みずほか帝国ホテルが再開発の先鞭をつける可能性が高いといえる。

帝国ホテルは本館（1970年竣工）とタワー館（83年竣工）がある。これは筆者の個人的な推測だが、比較的新しいタワーから先に再開発することになるのではないか。

実は当初、帝国ホテルは本館から先に建て替える可能性を考えて、タワーの下層には柱のない空間を確保している。ここをロビーに改造すれば、宴会場「光の間」を朝食時のダイニングとして利用することもできる。

ただ、本館を壊せば客室数は減ってしまう。本館で働いていた従業員をどこへ配置するか。オークラやニューオータニと違って、グループホテルの少ない帝国ホテルにとっては深刻な問題となる。タワーを先に建て替えてしまえば、本館の建て替え中はタワーの家賃収入が収益を下支えできると思うが、さてどうなるだろうか。

そこで、賃貸ビルで多数の従業員を必要としないタワーを先に建て替える。タワーの建設当時より高さ規制が緩和されており、現在の2倍弱の超高層まで開発できる。オフィス部分も広げたうえで、高層部分に最新のラグジュアリーホテルを建築できるのだ。

その後に建て替える本館は、ライト館のテイストが今よりさらに色濃く反映される可能性もある。東京中央郵便局の外壁を下層階に残したＪＰタワーのように、下層階はライト館を復元したうえで高層ビル化する。あるいはThe Okura Tokyoのように、ロビー部分はライト館を完全に復元する、という方法もありうる。2棟建ての自由度を生かし、オークラのようにどちらかを富裕層向けのブティックホテル型にするか、ニューオータニの「禅」のようにホテル・イン・ホテル型でラグジュアリー部分を設置する手もある。

定保は「社外取締役など大企業の首脳からも、宴会・集会は日本の商習慣で、これからも残っていくのではないかという分析をいただいている。今、宴会場は30近くあるが、この数をどのくらいにするのが適正なのか。3部門の売り上げ構成をどう組み合わせて、今まで以上の利益をちゃんと確保していけるか、しっかり考えなくてはいけない」と語る。

日本のおもてなし精神を失わないサービスと最新鋭の設備、時代の変化に適合した料理がきちんと組み合わされば、ホテル御三家のブランドは100年後も輝き続ける。その先頭を走り続ける宿命を、帝国ホテルは常に背負っている。

おわりに

日本のホテル業界の歴史は、経済を含むこの国自体の浮沈と軌を一にしている。明治の開国に始まり、諸外国との不平等条約解消のため外国人を接客する必要性に迫られて整備された国内ホテルは、第二次世界大戦後はＧＨＱに接収された。だが、そこで欧米のホテル運営の神髄を実地に学び、戦後の経済復興とともに大きな成長が始まる。

世界のツーリズム（観光）の拡大で日本へも訪日客が増え、東京五輪（１９６４年）や大阪万博（１９７０年）の開催が国内のホテル建設ラッシュを生む。バブル期には、業界内外で日本資本が海外チェーンを買収する動きもあったが、バブル崩壊後の経済低迷で国内ホテルは勢いを失った。日本経済の失われた20年、30年の間に、海外では大手ホテルチェーンの合従連衡《がっしょうれんこう》が進んでいる。彼らのバックや大株主には投資ファンドがついており、巨額のファイナンスで各国での新ホテル出店攻勢を支えている。

本書で紹介した国内ホテル御三家の客室の平均的な、あるいは最低ランクの宿泊料金は外資系ラグジュアリーホテルを下回っている。もちろん、帝国ホテルのインペリアルフロアやニューオータニの「エグゼクティブハウス禅」など最高級フロアで比べれば遜色はないが、予約サイトなどで料金を比較すれば一目瞭然だ。

2名で1泊2日なら、アマン東京の10万円前後を筆頭に、都内の外資系ラグジュアリーは最低料金が5万円前後～6万円台が普通だ。これに対して日系はザ・プリンスギャラリー東京紀尾井町が5万円弱、パレスホテル東京が5万円程度なくらいで、あとは3万円以下が多い。

帝国ホテルは4万円弱、ニューオータニが2万円台からで、オークラも別館は同様の価格帯。オークラ本館がThe Okura Tokyoにリニューアルしたことで5万円台後半となり、ようやく外資系ラグジュアリーと肩を並べるようになったのである。

部屋の面積が異なるので、単純比較はもちろんできない。最低価格が高ければ、イコールよいホテルだと言うつもりもない。外資系が高いことには「カラクリ」もある。外資系チェーンは自社グループホテルへの予約や料金が優遇される会員制組織を持っており、富裕層を中心に千万人単位の会員を抱えているのだ。

日本にある外資系のグループホテルも、事前予約の2～3割は会員が底支えしている。

さらに、非会員でもそのブランドに魅力を感じているファン層の訪日外国人がいるため、8〜9割の部屋はすぐに埋まってしまう。残りを日本人客が争奪するのだから、平均客室単価（ＡＤＲ）は高止まりしたまま。極端な話、日本人客がゼロでも不採算にはならないような事業モデルなのである。

国内ホテル勢にももちろん会員組織があるが、日本人が中心で海外への知名度は高くない。ＡＤＲを上げすぎると客室稼働率が低下するジレンマに直面する。ましてネット宿泊予約では各ホテル料金が横並びで比較されるため、独りよがりな料金設定もできない。

ここ数年はインバウンドの拡大や東京五輪に向けた客室数の逼迫《ひっぱく》により、業界全体で少しずつ客単価が上昇してきているのが救いだった。ところが今年に入り、新型コロナウイルスの感染拡大により、世界的に旅行客の減少が長期化することが懸念される。今後のＡＤＲがどうなるか、簡単には見通せなくなってきている。

いずれにせよ、世界の大都市の中で、東京のホテル単価はまだまだ安い。ロンドン、パリ、ニューヨークでツインに泊まれば7万〜8万円は当たり前だ。そもそもバブル期までは、当時の物価を加味すれば今よりも客室単価は高かったと業界関係者は証言する。単価を上げられない背景には、東京の国際金融都市としての魅力が薄れてしまったことがある。

グローバル企業の日本支社は、一昔前まではアジアの金融センターであり、ミーティングなどで周辺諸国の従業員が集まるため、御三家の客室が年間数千～1万室近く予約されていた。それがバブル崩壊後、アジアのセンターがシンガポールや香港に移ってしまい、高いルームレートがとれなくなったのだという。「日本パッシング」である。

端的な例が、東京証券取引所における外国企業の上場会社数だ。ピーク時（１９９１年）に１２５社あった外国企業は、２０２０年初めにはわずか4社。ほぼ一貫して減少してきた社数だが、ようやく反発する兆しがある。サウジアラビアの国有石油会社で、時価総額では世界最大のサウジアラムコをはじめ、数社が水面下で東京への上場準備を進めているからだ（米国市場の上場基準の厳しさなども背景にあるようだ）。東京が国際金融都市の地位を取り戻すのは簡単ではないが、反転上昇のきっかけとなるかもしれない。

ホテル業界も外資系ラグジュアリーブランドの多くが大手ホテルチェーンの傘下に入り、国内勢が数で対抗するのは難しくなっている。が、御三家の国際的な評価は決して低くない。新型コロナウイルス感染症が収束すれば、国内外の旅行客も戻ってくる。日本流のおもてなしを世界にアピールする「親善大使」として、ホテル御三家のブランドが末永く続くことを切に願う。

本書の執筆にあたっては、帝国ホテルの池本知恵紀氏、山田純平氏、オークラ ニッコー ホテルマネジメントの鈴木隆太郎氏、荒井郁子氏、ホテルオークラ東京の小栗和子氏、ホテルニューオータニの高山剛和氏、岩﨑州彦氏、湯本健太郎氏をはじめホテル各社の方々に多大な尽力をいただいた。編集企画シーエーティー代表の中村実氏には、私の企画案に対して豊富な見識からアドバイスをいただいた。幻冬舎の小林駿介氏は、各所への取材に積極的に同行し、二人三脚で執筆を支えてくれた。ここで関係者各位に謝意を表したい。

――今回も私を支えてくれた、妻と2人の娘に感謝を込めて。

参考文献

●帝国ホテル関連

帝国ホテル編『帝国ホテルの１２０年』帝国ホテル、２０１０年
『IMPERIAL』１００号、帝国ホテル、２０１８年
犬丸徹三『ホテルと共に七十年』展望社、１９６４年
犬丸一郎『帝国ホテルの流儀』集英社新書、２０１２年
犬丸徹郎『帝国ホテルの考え方』講談社、２０１６年
村上信夫『帝国ホテル厨房物語』日経ビジネス人文庫、２００４年
田中健一郎『帝国ホテルの料理の流儀』青春出版社、２００９年
竹谷年子『帝国ホテルが教えてくれたこと』大和出版、１９９９年
小池幸子『帝国ホテル流 おもてなしの心』朝日文庫、２０１３年
渋沢栄一記念財団渋沢史料館編『実業家たちのおもてなし　渋沢栄一と帝国ホテル』渋沢栄一記念財団渋沢史料館、２０１４年
武内孝夫『帝国ホテル物語』現代書館、１９９７年
村松友視『帝国ホテルの不思議』文春文庫、２０１３年
山口由美『帝国ホテル・ライト館の謎』集英社新書、２０００年

植松三十里『帝国ホテル建築物語』ＰＨＰ研究所、２０１９年

林愛作「外客の接待とホテルの経営」『週刊東洋経済』１９１１年2月15日号

●ホテルオークラ関連

「二十周年記念行事委員会」社史編纂分科会編『ホテルオークラ二十年史』ホテルオークラ、１９８２年

「オークラ美の源泉をたどる　ロビーに見る和洋今昔（The Okura Tokyo 開業に寄せて）」The Okura Tokyo、２０１９年（報道資料）

ホテルオークラ東京編『おもてなしに時をのせて　ホテルオークラ東京50周年記念誌』ホテルオークラ東京、２０１２年

野田岩次郎「社長随筆　ホテルオークラのできるまで」（ホテルオークラ社内報に連載）１９６４〜70年

宇田川悟『ホテルオークラ総料理長　小野正吉』柴田書店、２０１４年

「ホテルオークラ社長　大崎磐夫　親子二代の〝大倉〟マン」『週刊東洋経済』１９９６年1月20日号

●ホテルニューオータニ関連

ニュー・オータニ マネージメントサービス部編『おおたに　開業25周年アルバム』ニュー・オータニ マネージメントサービス部、１９８９年

ニュー・オータニ マネージメントサービス部編『おおたに　開業50周年記念誌』ニュー・オータニマネージメントサービス部、２０１４年

大谷米太郎追想録刊行委員会編『一心 大谷米太郎』大谷米太郎追想録刊行委員会、１９６９年
古川希代子『サービスが至福のおもてなしに変わる瞬間』大和出版、２００９年
ＮＨＫ「プロジェクトＸ」制作班編『東洋一の巨大ホテル 不夜城作戦に挑む』ＮＨＫ出版、２００５年
ＮＨＫ「プロジェクトＸ」制作班編『巨大台風から日本を守れ』ＮＨＫ出版、２０００年
保阪正康『ホテルニューオータニ ニューホテル・エイジを拓く』朝日ソノラマ、１９８０年
生井俊重「ホテルニューオータニ 株暴落をヒントに大改造を決断」『週刊東洋経済』１９８８年4月23日号
「ホテルニューオータニ社長 大谷和彦 創業三〇年目の試練」『週刊東洋経済』１９９４年5月14日号

●その他

東京経済大学史料委員会編『稿本 大倉喜八郎年譜［第3版］』東京経済大学、２０１２年
岡田和裕『明治を食いつくした男 大倉喜八郎』産経新聞出版、２０１９年
大倉雄二『男爵』文藝春秋、１９８９年
宇田川悟『フランス料理二大巨匠物語』河出書房新社、２００９年
富田昭次『ホテルの社会史』青弓社、２００６年
山川清弘『1泊10万円でも泊まりたい ラグジュアリーホテル 至高の非日常』東洋経済新報社、２０１４年
山川清弘「平均単価を上げられない国内『御三家』のジレンマ」『週刊東洋経済』２０１８年7月28日号

著者略歴

山川清弘《やまかわきよひろ》

一九六七年、東京都生まれ。東洋経済新報社記者。
九一年、早稲田大学政治経済学部経済学科卒業。
東洋経済新報社に入社後、記者として放送、ゼネコン、
銀行、コンビニ、旅行など多くの業界を担当。
「東洋経済オンライン」にて「あなたが知らない 東京ホテル戦争の舞台裏」を連載。
九八〜九九年、英オックスフォード大学に留学（ロイター・フェロー）。
『週刊東洋経済』編集部、『会社四季報プロ500』編集長、
『会社四季報』副編集長、『週刊東洋経済プラス』編集長などを経て、
現在は『株式ウイークリー』編集長兼「会社四季報オンライン」副編集長。
著書に『世界のメディア王　マードックの謎』（今井澂氏との共著）、
『1泊10万円でも泊まりたい ラグジュアリーホテル 至高の非日常』
（ともに東洋経済新報社）がある。

幻冬舎新書 592

ホテル御三家

帝国ホテル、オークラ、ニューオータニ

二〇二〇年五月三十日　第一刷発行

著者　山川清弘
発行人　志儀保博
編集人　小木田順子
編集者　小林駿介＋福島広司
発行所　株式会社　幻冬舎
〒一五一―〇〇五一　東京都渋谷区千駄ヶ谷四―九―七
電話　〇三―五四一一―六二一一(編集)
〇三―五四一一―六二二二(営業)
振替　〇〇一二〇―八―七六七六四三
ブックデザイン　鈴木成一デザイン室
印刷・製本所　株式会社　光邦

Printed in Japan　ISBN978-4-344-98594-0 C0295
や-20-1
幻冬舎ホームページアドレス https://www.gentosha.co.jp/
*この本に関するご意見・ご感想をメールでお寄せいただく場合は、comment@gentosha.co.jp まで。

幻冬舎新書

井上章一

日本の醜さについて

都市とエゴイズム

欧米人とくらべて日本人は協調性があると言われるが、日本の街並は調和とはほど遠い。ローマと東京、フィレンツェと京都——世界の都市景観をくらべて見えてきた、真の日本人の精神とは？

井上章一

大阪的

「おもろいおばはん」は、こうしてつくられた

芸人顔負けのおばちゃん、アンチ巨人の熱狂的阪神ファン、ドケチでがめつい商売人……これらはメディアによる作り物の大阪的イメージだ！　『京都ぎらい』の著者が、紋切型の大阪像を覆す。

橋本麻里

日本の国宝100

縄文時代の『火焔型土器』や、日本仏教の出発点といえる法隆寺『釈迦三尊像及び両脇侍像』など、１０００以上ある国宝の中から１００を厳選解説。国宝を通して浮き彫りになるこの国の成り立ち。

内藤正人

江戸の人気浮世絵師

俗とアートを究めた15人

世界に誇れる数多の作品を残した、江戸の浮世絵師たち。だが、当時の彼らの地位は低かった。タブーを犯して生計を立てる者、幕府に睨まれ処罰される者……。波瀾万丈な15人の、作品と生きざま。